制度のメカニズム
3

WTOとFTA
（世界貿易機関）（自由貿易協定）

日本の制度上の問題点

高瀬　保

東信堂

まえがき

本書を書いた背景には次の事情がある。

(1)　ガットが主催して開催されたウルグアイ・ラウンドの農業関係交渉において、日本は国際関係を無視し、日本の国益をも無視する行動をとった。日本政府は農業について最終的には譲歩したが、交渉経過が極端に悪く、そのために世界の不評を買った。日本が貿易国であるにも拘わらず、ガットを十分理解していなかったことが一因になっていたのではないかと考えられる。著者はガット事務局の職員としてその間の事情を見てきたが、このような一見理解に苦しむようなことを日本政府が行っているのを見て残念でならなかった(第6章3参照)。

(2)　一九九九年末に米国のシアトル市で開催された第三回WTO閣僚会議は、世界から集まったNGO(非政府組織)などによるグローバル化反対のデモに襲われた。新しいラウンド貿易交渉の開始を意図した閣僚会議であったが、種々の理由から交渉開始を決定することができず、WTOに対する批判だけが高まった。WTOの貿易・経済に対する影響力が明らかになり、加盟国が増えて問題が複雑化したことも一因として考えられる。そのためWTOの役割について広い理解が望まれる。

(3) 近年中国と台湾がWTOに加入して、WTOに対する関心が増したが、市場経済を推進しているWTOの役割と日本が為すべきことが十分理解されていることが望ましい(第3章参照)。

(4) 日本がFTA(自由貿易協定)の締結をアジアなどで推進する利点と注意点について、より良い理解が望ましい(第4章参照)。

(5) 日本は今大きな転換期に遭遇しており、日本が何を改革すべきかが広く理解される必要がある。特に制度上の改革をWTOの貿易交渉を契機として推進しなければならないが、それには日本国民の幅広い理解が必要である。日本人が今まで美徳や慣習としてきたことでも、現在では自分が損するだけで国際社会と国際交渉では通用しないものがある(第1章参照)。

日本人は一旦問題の所在を理解すると実行が早い。本書がガットとWTOの一般的理解を進めると同時に、現在必要とされている制度改革の実行を容易にすることを期待したい。そのため、ニュースになるような表面的事象を詳しく解説することを避け、長期的傾向や根本的問題を示すように努めた。

本書は次のような事柄を取扱っている。ガットとWTO(世界貿易機関)の下で世界にどのような貿易・経済制度が受け入れられてきたか、日本の国際交渉体制が世界と食い違っており、どのような制度改善が日本に必要か、アジアなどでＦＴＡ(自由貿易協定)が近年推進されているのは何故か、ＷＴＯの下で現在行われている貿易交渉はどの分野を含み、何を目指しているか。

ＷＴＯ(世界貿易機関—World Trade Organization)は、第二次世界大戦後に設立されたガット(関税と貿易に関する一般協定)の後を継いで一九九五年に設立された国際機関である。ガット同様多角的貿易交渉を行う場であって、多くの分野において貿易の自由化を行うと共に、貿易上の国際ルールを定め、国際貿易紛争を国際ルールに基づいて数多く解決してきた。多角的貿易交渉の結果は、加盟国の間で無差別に適用される。例えば、交渉の結果、ある国がある品目の関税率を下げたとすると、その品目の全加盟国からの輸入に、下がった関税率が適用される。

「多角的貿易交渉」とは、種々の分野で多数の国が一緒に集まって貿易問題を交渉することをいう。ＷＴＯは他の国際機関と異なる特色を多く持っていて、国内の制度を改革する助けにもなっている。ＷＴＯの特色はガットの特色と同じであるが、ＷＴＯの方が管轄分野が広い(第2章参照)。

ＦＴＡとは自由貿易地域(free-trade areas)または自由貿易協定(free-trade agreements)を意味する。自由貿易地域は国際ルール(ガット第二四条)で認められた経済統合の一種で、二国間や複数国間の貿易・経済交渉で取上げられることが多くなってきた(第4章参照)。

日本はガットとＷＴＯの体制を尊重し、多角的貿易交渉一辺倒であったが、最近になって重層的貿易政策に転換した。つまり、ＷＴＯで多角的貿易自由化を進めると共に、アジア諸国などとＦＴＡを締結し、地域的に貿易自由化を進める交渉を行っている。

ＷＴＯは現在大規模な多角的貿易交渉を行っているが、その結果が世界の貿易と経済を改善することになる。この交渉は、思い切った国内体制の改革を実行する機会を参加国に与えている。言い換えれば、国内制度について発想の転換がなければ、貿易交渉自体が成功せず、日本のためにもならない。

本書はどの国が開発途上国となっているかについてその実態を紹介し、開発途上国から見たＷＴＯとは何かについて考察を加えた（第5章参照）。

今回ＷＴＯが主催する貿易交渉は「ドーハ開発アジェンダ」と正式に命名された。ＷＴＯに加盟する開発途上国が増加すると共に、従来のガットに対する批判勢力が大きくなってきたからである。本書ではこの交渉を「現行のラウンド交渉」と呼んでいる（第6章参照）。

本書の末尾にある「エピローグ」は、本文脱稿後における世界と日本における出来事を考慮して作成することになっている。この「まえがき」と一緒にお読み下さると幸甚である。

著者は一九六三年からガット事務局に二九年間勤務した。長期的視点から見ると、ガットを擁護することが、結局は母国日本のためにもなっており、中立的な立場で多角的国際交渉の仲介を行ってきた。また、大蔵省（現財務省）関税局とガット事務局で国際交渉を数多く経験し、各国の交渉姿勢についてその得失を考えてきた。

一九九二年にガットを退職してからは、東海大学法学部に十年間国際経済法担当教授として勤務した。現在は、二〇〇三年四月青山学院大学に新設された「ＷＴＯ研究センター」の客員教授をしている。センターはＷＴＯについて政・官・産・学の間の協力を推進するなどの仕事をしている。また、著者は内閣府などで委員を努め、日本が当面している国際問題の解決に当たっている。今後もＷＴＯに関するサポーターの一人でありたいと考えている。

二〇〇三年一〇月六日

高瀬　保

目次／ＷＴＯ（世界貿易機関）とＦＴＡ（自由貿易協定）――日本の制度上の問題点

ＷＴＯ（世界貿易機関）とＦＴＡ（自由貿易協定）―日本の制度上の問題点

第1章　制度とWTO

1　世界の貿易・経済制度とガットまたはＷＴＯ

(1)　庶民の生活に関係するガットとＷＴＯ

世界および世界各国の将来を考えるとき、制度の選択が重要課題となる。制度がよければ、その制度の下での個人や法人の努力が報われるが、制度が悪ければ個人や法人がいかに努力しても無駄が多く、成果が上がらない。歴史の経験によって、よい制度は続けられ、悪い制度は放棄されてきた。

この世の中には、政治、経済、法律、社会、文化などについてもろもろの制度がある。ガットとＷＴＯは主に貿易・経済に関係している。その活動は一般庶民の生活に深く関係していて、生産者にとっては商品やサービスの国際競争力に影響しており、消費者にとっては物品やサービスの質と価格に影響している。これらのことは、どの程度国が貿易を自由化し、管理しているかに関係することが多い。例えば、安くて安全な食料品を消費者に供給するには、各国が食料品の輸入についてどのような貿易政策をとっているか、あるいは国境でどのように貿易を管理しているかに依存している。

ガットとＷＴＯは本来貿易機関であるが、貿易問題を解決しようとすれば、国内経済制度の改善が必要になる場合が増えてきた。そのためガットとＷＴＯは次第に国内経済問題に関連したルールを作ることが多くなってきた。特に、新分野のサービス貿易や知的財産権保護の関係にそれが多い。

また、輸入制限や関税のような誰の眼にも明らかな貿易障害が少なくなるにつれて、ガットとWTOが主催してきた貿易交渉の範囲も次第に広がってきた。保健衛生措置のように十分検討しなければ貿易障害であるかどうかが分らない措置にも近年注意が向けられてきた。現在問題とされる非関税貿易障害(関税以外の貿易障害)には保健などの厚生関係が多い。

初期の交渉では関税が主要な地位を占めていたが、ガットとWTOの管轄範囲が拡大するにつれて関税の地位が次第に低下した。しかし、関税がWTOで中心的な地位を占めていることには変わりがない。

(2) 市場経済を推進するガットとWTO

ガットとWTOは市場経済を推進しており、市場経済国以外を原則として加盟させていない。長い間米国とソ連は異なる経済制度の下で対立してきた。しかし、ソ連が計画経済を放棄して東西冷戦が終わり、市場経済が計画経済に優れていることが証明された。今では大部分の共産圏諸国が「計画経済」に代わり「市場経済」を採用すると言明している。また、これらの共産圏諸国は制度改革を促進するために、市場経済国の国際機関であるガットまたはWTOに加入を申請した。二〇〇一年一二月に中国がWTOに加入し、経済が躍進した。また、ロシアやヴェトナムなども市場経済化およびWTO加入交渉を進めながら、WTOに加入できるように制度改革を進めている。

ガットとWTOは政治と関係することをできるだけ避けてきたが、間接的には政治と関係している。

専制君主や独裁政治家も、よい政治をした時期があったと言われることがあるが、長期間権力を握っているると国民を犠牲にした独善的行動に走りがちであることを、歴史は証明している。政治体制はその時代や国民性などによって多少異なっているが、情報社会においては国民に主権がある民主主義が独裁政治に優っていることが明らかである。しかし、民主主義にも運用上の問題が多く、日本には反省すべき点が多い。

世界には、未だ貿易よりも政治が重要で、ＷＴＯへの加入を表明していない北朝鮮、イラク、イラン、アフガニスタンなどがある。これらの国々にとっても、徐々に経済を市場経済化し政治を民主化していくのが、究極的な問題の平和的解決法であると考えられる。改革は危険と困難を伴うが、それが遅れれば遅れるほど国民がその結果に苦しみ、指導者にとって危険が増す。

経済が市場経済化されれば、政治も次第に民主化されてくる。ＷＴＯのよい点は、ＷＴＯ加入に市場経済化が要求されているが、政治上の改革は当事国に任せていることである。各国の政治事情は異なっていて、国の秩序を守りながら国内制度の改革を進める必要がある。

例えば、巨大な国土と人口を抱える中国では国家の統治が難しい。現政権は経済で市場経済化を進めながら、政治上は共産党独裁政権を続けている。しかし、市場経済化も政治の民主化が進まなければ効果が少ない。中国は二〇〇三年三月に新しい指導者と交代したが、新指導者は皆教条主義的な政治家ではなく、実務家であると伝えられている。看板は同じでも中身は次第に変わってきた。

(3)　どのような市場経済を選ぶか

一口に市場経済といっても国によって内容が多少異なっている。米国の市場経済は自由で競争的であり、優勝劣敗がはっきりしている。欧州や日本における市場経済は比較的自由ではあるが、個人のストレスが少ない。反面、管理色を多く残しているために変化が遅く、成長力が弱いという欠点を伴っている。過去の遺産が大きい欧州や近代国家建設に成功した日本は福祉社会を作ったといえる。米国、中国、韓国などは競争社会を作り、変革と創意工夫に成功している。日本は両者の長所をとった制度を採用すべきであろうが、近くて影響力が強い諸国の制度と大きく異なった制度を採用してもうまくいかない。結局競争社会に合った制度をこれから多く採用するようになるであろう。

主要な市場経済国ではいずれも過度な競争を制限しているが、程度は異なる。どのような市場経済を選ぶのが一番よいかは将来の国の経済発展と個々人の幸福度に影響する重大事であり、国民が政治などを介して選択すべきことである。公正取引委員会の活動も市場経済に関する国民の選択を反映している。

ＷＴＯは世界各国が特色を失うことを求めていない。むしろ各市場経済国が自国のおかれた環境に応じて多様性をもつことは、世界の現状からいって当然と考えられる。国の地理的条件、歴史、社会、文化および宗教が多様性に影響を与える要素となっており、世界はある程度の多様性を必要としている。

(4) グローバル化への対策

世界経済がグローバル化したといわれているが、世界経済が国際化し、さらに一歩を進めて一体化してきたのは、主としてコンピュータや航空機運送などが普及し、世界の通信と交通が飛躍的に発達したためであった。しかしそれだけではない。ガットとWTOが多角的に進めてきた貿易自由化のみならず一部の国が進めてきたFTAによる貿易・経済の自由化も世界各国の相互依存関係を深め、グローバル化に貢献した。

グローバル化した世界経済で成功するためには、複雑な多文化・多民族を理解し、それぞれに寛容であることが必要となってきた。また、世界語となった英語を使うことが貿易・経済をはじめとする社会において相互のコミュニケーションのために必要となってきた（詳細は、第1章の3参照）。

グローバル化時代は時の流れによって訪れたもので、グローバル化の反対を唱えても問題が解決するわけではない。しかし、WTOは今やグローバル化が問題を伴っているという事実を認識し、グローバル化した世界の貿易問題に対処しなければならない。例えば、グローバル化の波に乗れない開発途上国の問題がWTOで登場してきている。それは疎外化(marginalization)と呼ばれている。

グローバル化対策が実行できるかどうかは、多角的貿易交渉に参加する国々の働きにかかっている。その意味で、WTOにおける日本の行動が注目される。

(5) 制度改善を進めるガットとWTOの交渉

世界政府は未だ誕生していないが、貿易・経済に関する限り、WTOが拘束的な国際ルールを導入して世界における貿易・経済制度の調和化を進めている。WTOの紛争解決手続が有効に使われていることも制度の調和化に貢献している。WTO加盟各国の法律が国際ルールに従って整備され、法律の実施に安定性と予見性があることをWTOが求めている。法律の解釈が国内で統一されておらず、裁量の余地が大きい人治主義にはWTO上問題が多い。ガットとWTOでは加盟国が法治主義を採用していることを前提としてきた(第2章と第3章参照)。

大国は、その支持があってはじめて国際ルールができるといった面もあるが、一方的に自国の決定を他国に押し付けることがある。しかし、ある国が国内の政治事情を反映して国際ルールに違反した措置を取れば、それから損害を受けた他の加盟国がWTOの紛争解決手続を使ってその措置の是正を求めることができる。それはWTO上の権利と考えられており、WTOに加入していれば小国でも行使することができる。例えば、コスタリカは中米の小国であるが、繊維問題についてガットに提訴し、米国に勝訴した。そのため多くの開発途上国にとってWTOの価値が上がってきたといわれる。

ガットまたはWTOに提訴し、ダンピング防止税やセーフガード措置を使う加盟国が近年増えてきた。強大な軍事力あるいは経済力を背景として一方的措置をとる国があっても、貿易面においてその国は加盟国の一つである。いずれの加盟国も国際ルールの枠からはみ出た行動をとれば、被害を受けた国はW

TOに提訴することができる。提訴すればその措置が撤回されるか、直ちに撤回されなくとも、制裁するか代償を受け取ることができる。

日本を含むWTO加盟国の貿易・経済制度は、WTO加盟国が合意してできた国際貿易ルールの枠内にあり、優れた貿易・経済制度に基づいている。しかし、ルールは一旦できると、やがては古くて実状に合わなくなり、欠陥が露呈する。ラウンド貿易交渉の度に、既存の国際ルールを改訂し、新ルールを導入するのはそのためである。したがって、WTO加盟国は、国際ルールの交渉を他人任せにしてはおけない。その結果が各国内の貿易・経済制度に影響するからである(第6章参照)。

(6)　国際ルールの国内実施問題と開発途上国のWTO諸協定実施問題

ガットとWTOは加盟各国が国際ルールをどのように国内で実施しているかについて多く規定していない。知的財産権保護の方法についてある程度具体的に実施方法が規定されているが、これは例外である(第6章5参照)。一般に、ガットとWTOの国際ルールが加盟国内で実施される場合に、実効をもっていればよいとされている。

例えば、ガットとWTOでの合意を国内法の部分改正によって実施してもよく、ガットとWTOが作ったルールを含む条約を国内法と認めて実施してもよい。ウルグアイ・ラウンド貿易交渉の当初、国内実施の問題がスイス代表によって提起されたが、各加盟国がとっている実施方法がまちまちで、それを調和する試みがその段階では難しいことが判明した。そのためウルグアイ・ラウンド貿易交渉ではこの問題が本格的に取り上げられることはなかった。

しかし、実施方法の違いによって実施の効果が異なってくることが注目される。例えば、ウルグアイ・ラウンド貿易交渉においてTRIPS協定が締結され、知的財産権がWTOの業務範囲に入った。その結果日本の特許権法が改正されたが、特許権法の目的は変更されず、従来通り産業振興のためであるとされた。

しかし、知的財産保護の目的はTRIPS協定において産業振興のためより幅広く規定されている。即ち、知的財産権を保護するに当たっては、権利を所有する者と権利を使用する者との間の利益バランスを考慮しなければならない。しかし、特許法だけをみてTRIPS協定を見ていない人達は、特許保護の目的が産業振興だけにあると考えているのではあるまいか。

財務省関税局は、貿易の円滑化が日本経済の活性化に影響を与えることに着目し、通関の電算化や迅速化などの貿易の円滑化を行い、ある程度の成果を挙げてきた。貿易の円滑化も諸協定の実施と貿易の競争力に影響を与えている。また、それは他の競争国の動向にも配慮しなければならない。

開発途上国はWTO関係協定の実施について多くの問題を抱えている。特に、実施が技術的、金銭的な負担を多く伴う場合(例えば、TRIPS協定、TBT協定、SPS協定などの国内実施―後述の第6章参照)について問題がある。先進国はWTOの技術的諸協定の実施には技術的およびコスト上の困難があることを認め、開発途上国を現行のラウンド貿易交渉に参加させるために、ＷＴＯ諸協定の実施能力(capacity building)を増す技術的およびコスト上の援助を途上国に与えている。これはＷＴＯにおける先進国の開発途上国に対する約束である。日本はＡＰＥＣに参加するアジア諸国のＷＴＯ諸協定実施能力を向上させることに熱心で、国際協力事業団(ＪＩＣＡ)がそれを担当している。

【参考文献】

津久井茂充「電子商取引時代の関税手続、税関行政懇談会のとりまとめ」(『貿易と関税』一九九七年八月号)

筑紫勝麿「税関行政の新たな展開」(『貿易と関税』二〇〇〇年九月号)

大蔵省関税局税関調査室「税関手続の標準化、簡潔化に係るＧ７イニシャティブについて」(『貿易と関税』二〇〇〇年一〇月号)

島田克美「反グローバル派の抗議は何を意味するか」(『貿易と関税』二〇〇一年九月号)

財務省関税局税関調査室「輸出入・港湾関連手続のシングル・ウインドウ化」(『貿易と関税』二〇〇二年七月号)

国松麻季「ＷＴＯキャパシティ・ビルディング支援活動」(『貿易と関税』二〇〇二年九、一〇月号)

岡地勝二「グローバリズムは果たして世界の救世主になれるのか」(『貿易と関税』二〇〇二年一〇月号)

“Japanese Approach for WTO-Related Capacity Building Cooperation” published by Japan International Agency in 2003.

2　日本の制度の問題点

(1)　日本の構造改革とＷＴＯ

ＷＴＯは日本の構造改革と関係している。金融問題を例にとると、中央銀行の通貨発行量、為替レート、景気対策のようなマクロ経済政策をＷＴＯは取扱っていないが、銀行、証券会社、保険会社などの制度は、ミクロ経済政策の一環としてＷＴＯに関係している。つまり、ＷＴＯが管轄している「サービス貿易一般協定」(略称、ガッツ)の下におけるサービス貿易自由化交渉がそれに関係している。

会計士のような自由業のサービスもＷＴＯ主催の貿易自由化交渉の対象となっている。ガッツは会計士などの自由業の国内規制について規定しており、資格の相互承認などが貿易交渉の対象になってきた。集団主義をとっていることが多いため個人間の独立性が少ない日本では、商法上の会社監査役が内外で信頼に足る機能を果していないとみられている。そこで日本では企業から独立した公認会計士が、中立的な会計監査を行うことが期待されている。

どの国でも制度を変えるときには、長期的な観点からそれを行っている。日本政府が推進している構造改革も制度面では長期的な課題であり、制度改革のための努力は続けられなければ国内で定着しない。これに反し、マクロ経済政策の運営は、その時々の必要に応じて短期的に行うことができる。

本書はマクロ経済政策には触れていない。

(2) 国際情勢に応じた政策決定の必要性

日本は拙速と朝令暮改を伝統的に避け、それが成功して近代国家を建設できた。それは基本的には正しい。しかし、近年は国際情勢を反映して、日本の政策決定が特に遅いと感じられることが多くなってきた。

日本政府は将来を見越してタイムリーな政策決定を行わなければならない。民間であれば、タイムリーな決定をしなければ、他国や他社に後れを取り、自社が倒産することもある。国際交渉では日本の政策欠如と決定の遅さが顕著で、仕方なく日本を置き去りにして交渉が進展し、日本が決定したときには「証文の出し遅れ」となることが多かった。例え日本に政策があっても、はっきりそれを言明しないと政策が欠如しているように見えた。日本は一般的に後手を踏んでも先手を踏むのが難しく、それだけ日本の世界に対する影響力が小さくなっている。

(3) 決定が遅れる原因は、集団主義と日本流民主主義

集団主義の特性として「日本は決定が遅いが実行は早い」と言われてきた。ガットやＷＴＯのような世界の政策決定の場ではそういう言訳が通用しない。集団主義の下で一番問題となるのは、新しいもの、

変わったものが受入れ難く、改革が難しくなっていることである。

日本で入札する場合、隠れた談合を止めさせるのが難しい。談合が露見した場合の罰則が軽いためもあるが、集団主義の下では、業界仲間の間で競争を避けることが共通の利益になっているためでもある。集団主義の下では競争社会のルールの適用が難しい。日本では共生の思想が広く支持されているが、グローバル化の時代には、共生の範囲が狭い仲間内から世界に広がっていく必要がある。

省庁間などで縦割り社会の弊害が顕著なのは、省庁などがそれぞれ閉鎖的な社会を作り、仲間同士の利益を図るため、お互いの競争を避け、第三者の参加や批判を妨げているからである。中央官庁の一部が合併して、厚生労働省や国土交通省ができたのは、縦割り社会の弊害を避ける役に立っている。しかし、その効果は限定的であり、将来に待つしかない。

一つの解決法は、米国の通商代表部（USTR）のように、国際交渉で担当部を一本化することである。しかし、日本代表の後ろで異なった省庁が争っていたら効果が減少するであろう。

日本の政策決定が遅い理由は、日本が民主主義国で、民意を反映して慎重に政策を決定しているためだとされている。しかし、民主主義国は他にも多い。主な原因は、日本がむしろ民主主義の運用を誤っていて、集団主義で政策を決定しているためではあるまいか。

民意を反映した行政をすることが、官庁の役割であるといわれる。そこで官庁は民意以上のことをする必要がないという意見さえあるが、それには賛成し難い。中央・地方の官庁は内外から必要な情報を得易い立場にある。先を見越した官庁などの指導的役割は、どの国でも尊重される。政治家や中央・地方の官庁職員が積極的に指導的役割を果すことを期待したい。

消極的に自らの指導的役割を放棄し、情報が十分にない人達の動向に唯々諾々として従うことが民主主義だという人々がいる。しかし、それは民主主義の欠点であって、望ましいことではない。そのようなやり方が選挙などで有利とされる場合があるが、そのような政治家や官庁をいつも社会が必要としているわけではない。

「民主主義は欠陥の多い制度であるが、それよりよい制度がないから仕方なくそれを採用している」旨皮肉たっぷりに述べたのは、第二次世界大戦中から戦後にかけて英国の首相を務めたウインストン・チャーチル氏であった。つまり、この発言は民主主義もその運用に気を付けないと衆愚政治になってしまうと警告している。

日本は自国の歴史的経験から民主主義になったのではなく、敗戦によって勝者から民主主義を与えられた。それだけに民主主義の運営について一般国民の認識が不足しているのではあるまいかと懸念される。成人であれば誰でも一票を与えられているから、関係者であれば誰にでも広く相談すればよい。例え間違った結論が出ても、それが民主主義である、と考える人達が日本にいる。しかし、それでは日本が国際競争に敗れるのは明らかである。できるだけ国際情勢に対応した民主主義の運用を望みたい。

(4) 日本国内ですべて日本語で書類提出を求めている問題

日本の官庁の多くが、民意を行政に反映するため苦情申入れなどの手続規定を作っている。それは歓迎したい。しかし、手続があることだけに満足して問題への対応が不十分な場合がままある。例えば、その手続を実際に利用できるのは、特定の人達、例えば官庁との接触が多い大企業や先進国に限られていることが多い。時間も金もない中小企業、一般大衆および開発途上国が置き去りにされている。

また、次のようなこともある。世界にその活動が知られている特定の機関がある。その機関の活動が日本で認められるためには、日本の手続きに従って業務内容や法人の責任者などをすべて日本語に翻訳して提出することが要求されている。その機関が翻訳に長い時間と多額の金をかけてまで日本で認められる必要がないと判断すれば、その機関の日本での認知が放置される。このようなことが、世界では広く認められ流通している薬品や薬草が、日本での使用を未だ認められていないという結果を招いているのではあるまいか。

グローバル化した世界経済においては英語が世界語になっている。形式的に、英語から日本語への翻訳を外国の文物に対して要求することが、現在は日本のためになっていない。英語のままの方がよい場合があるし、官庁や民間で英語の理解が進んでいる。日本語での理解が必要な箇所があればそれを指摘し、それのみの翻訳または解説を求める方が現実的であろう。従来の固定観念にとらわれず、手続の実際的・国際的効果を考えた対策が官庁などに必要とされている。

(5) ガット事務局での会議運営

ガット事務局では、長年それぞれの問題を経験してきたベテランや洞察力をもって客観的な発言をすることができる人達に先ず相談してから考え方をまとめていた。その後、相談の環を徐々に広げ、最後には全体会議に出席した加盟国代表の同意を得て、満場一致で決定するのを常としていた。

問題の解決策を検討しているときに、世界の全体像が見えず、感情的になり具体策に欠ける人達に最初から相談すれば、後向きまたは否定的な見解が出される可能性が高い。また、WTOの会議では、単に反対しても効果を期待できない。提案に反対であればその理由を明らかにしなければならない。また、代案を出す必要があることもある。民主主義もその運用に注意しないとすぐ機能しなくなる。

著者が日本に帰国してカルチャー・ショックを受けたことの一つは、会議における議長の采配ぶりに相違があることであった。ガットの会議では発言を要求しない出席者は、発言の権利を放棄したものとして無視することができた。しかし、日本の会議の中には、発言したい者を押え、沈黙して発言を要求しない者に発言させることが必要な場合があった。沈黙している者に発言させないと、後で問題が起るからである。このような日本の特殊事情は国際社会では通用しない。反対でも沈黙していれば賛成として扱われる。

(6) 日本人の責任の取り方と官庁などの機能性点検の提案

確かに日本では民度が上がっており、行政の透明性も上がってきた。一方、失政に対する追求は相変わらず厳しい。長い間の慣習が問題とされたとき、その場を糊塗するため、たまたまそのとき問題の責任者であった人達が左遷させられたり、退職させられたりしている。このような不合理な責任の取り方が日本では常識化している。責任を追及すればするほど犠牲者が多く出て、問題の根本的解決が難しいことがある。

失敗の追求が厳しすぎると、公務員などは事なかれ主義になり、問題解決のための積極性を失うようになる。世間を騒がしたことに対する謝罪が日本ではよく聞かれるが、それが責任回避を図って根本的な問題解決を疎かにしているのではないかと懸念される。日本では失点を重視する傾向が強いが、得点と失点とをバランスよく考慮しないと、業務に対する積極性が出てこない。

民主主義下の中央・地方の官庁は、管轄事項について自らが機能しているかどうかを判断して行動すべきであろう。官庁の決定が世界の動向に対応していなければ、官庁の機能性について国民の疑いを招くことになる。また、政治がその実行を容易にしなければならない。しかし、むしろ困難にしている面もあるのではないかと懸念される。例えば、日本では長期間にわたる国会開会中、答弁のために官庁の幹部を国会にはりつけさせていた。現在、各省には国会議員の副大臣が多く置かれている。そこで政治家が自らの責任を果し、各省の仕事を妨げないよう期待したい。

コラム　集団主義と個人主義

著者は長年のガットにおける経験から言って、日本の交渉姿勢が国際交渉に適合していない。何故だろうか、という疑問を抱き続けてきた。その回答は、個人主義と集団主義との相違にあるというのが得られた結論であった。この両者の違いがどこにあり、それぞれの長所が何であるかを日本人一般が理解しておくことが有用と思われる。

日本などのアジア諸国は集団主義であり、欧米は個人主義であると一般に言われてきた。しかし、ガット事務局からみると、日本だけが集団主義を顕著に実行していて、政策の決定が遅いように見えた。

個人主義の下では、権利の主張が強くなり義務が軽視されている。個人主義には欠点が多いので、集団主義の方がよいという教育を著者は日本で受けた。しかし、国際社会を経験してからは、個人主義にもよい面があり、それが世界で広く実行されていることが分ってきた。したがって、今ではそれを無視することにむしろ問題があると考えている。

集団主義と個人主義の両者には長所と欠点があって、どちらが優れているとは一概に言えない。ただし、民度が低く、決められた仕事を一斉に行うような環境においては集団主義の方がどちらかと言うと優れている。日本は明治時代以来、限られた開明的指導者の下で集団主義の長所を生かし、社会と経済を発展させてきた。しかし、これからは個人主義の長所を取り入れなければならない。

他方、民度が高く個性が発達し個人の尊厳が尊重されてくると、個人の判断が重要視されてくる。また、個人主義の下では決定権を他人に委譲しやすく、分業がやりやすい。だから、個人主義を取る国の政策決定者は集団主義をとる国の人達のようにやたら忙しくない。また、日本は所得水準において欧米に追いついたが、生活の質を欧米並みに向上させるためには個人主義の長所を取り入れる必要がある。

個人主義の下では、誤りを犯してもそれが是正しやすいことに注目したい。長らく続けられてきた慣習に問題があるならば、その慣習の原因を究明し、誰の責任を問うこともなくその慣習を是正できる。勿論、個人の責任で起ったことならば、その個人に相応の責任を問うことができる。集団主義の下では、大勢が決定に参加しているので、失敗する危険を冒してまで積極的な措置を取ることが難しくなる。

日本では「腹を切って詫びる」ことがいさぎよいとされているが、事がある度に腹を切っていては命が幾つあっても足りない。また、問題の本当の解決にもならない。そのような環境におかれると、集団的に仲間をかばい、世間を糊塗し、嵐が過ぎるのを待つしかない。多くの人達の印鑑を必要とする稟議制度は、社会的責任の追及が厳しいことを反映して、責任の所在を隠すために導入されたものであろう。このような雰囲気の中で個人の独創性を要求するのは無理である。

日本は明治時代以来、前例を欧米に求め、これが成功の原因になることが多かった。しかし、欧米に追いついた今では前例がない場合が多い。それに集団主義が個人の判断を軽視する傾向を作ってきたのが問題である。その様子は日本には政策がなく、判断力もないかとの疑いを起させてきた。

著者がガット事務局にいたとき、主要国の意見を電話で聞いたことがある。さして重要事でない場合、大部分の主要国からは即答を得られたが、日本の場合は違っていた。「東京に聞くから、待って下さい。」

また、次のようなこともあった。ガット事務局から主要国に意見を聞くと、東京では米国やEUがどういう意見をもっているか、と聞き返してくる。米国やEUも同時に意見を聞かれたので今考えているところだと返答しても、東京は自主的に判断することを避け、しつこく他国の意見を聞いてくる。米国やEUの意見を知らなければ、日本が回答できない場合がある。しかし、事務局が聞いたのは、自国に考え方があれば、米国やEUの意見を知ることが必要でないことに限られていた。

国際社会では個人主義に基づいて専門家が必要とされている。専門家も視野が広いことが期待されている。ガット事務局では管理に責任をもつ幹部の一人一人が、実質的な業務を自分自身で行っていた。部下は独立性が強く、上司自らが仕事をしていれば、管理上の問題が頻繁に起ることはなかった。

集団主義社会では管理者の役割が大きい。日本ではやたらに連絡・調整業務が多いが、それも集団主義を尊重しているためである。そのためこの業務を行う管理者が出世しやすくなっている。日本のような成熟した社会で集団主義に固執すれば、管理上の必要のために犠牲にされることが多い。

日本の中でも優れた企業は、個人主義を取り入れ個人の創造性を高めている。例えば、斬新的なデザインのシビックをホンダで若い人達が提案してきたとき、重役の多くが古い型の自動車に固執して反対したといわれている。しかし、当時の本田宗一郎社長は多数決をとらず、賛成の断を下したと伝えられる。結果は大成功であった。

日本の中でも弁護士や公認会計士などの自由業、議員、医者、学者、作家、大学教授などは、個人主義に基づいて業務を行うことが多い。官庁や民間では、時と場所に応じて集団主義と個人主義の匙加減を変える必要があろう。しかし、政策決定に関する限り、できる限り個人主義に基づいて早急な決定を行わないと、世界から取り残されることになる。

この問題については学問的な研究が進んでいて、二〇〇三年二月に放送大学で山岸俊男教授（北海道大学大学院、二〇〇三年初頭現在スタンフォード大学出講中）が心理学の講義を行い、「社会と文化」を論ずる中で集団主義と個人主義の相違を取り上げた。その講義は次のような趣旨であった。

集団主義者は社会での相互依存関係を大事にし、自分が可愛いいから自分が帰属する集団を大事にしている。しかし、集団主義者は自己批判、自己卑下の傾向があり、逆に個人主義者は自尊心を高揚させる傾向が強い。また、集団主義者は自己を周りの人との文脈から捕らえる傾向が強く、包括的に思考しているのに対し、個人主義者は分析的思考が強い。集団主義では社会的なリスクを避けようとするが、個人主義では自己を高く信頼し、社会的なリスクを犯す傾向がある。

著者が大蔵省（現財務省）関税局からスイスにあるガット事務局に赴任してすぐ分ったことは、そこでは仕事のやり方が日本と大きく違っていることであった。ガット事務局では職員が小部屋に入り、上司から仕事を与えられて「君自身がどこまでできるかやってみて下さい」と言われた。事務局では個人がかなり高い程度に仕事を完成することを期待されている。その期待に答えるためには、できたと思ってもすぐ仕事の結果を上司に出さず、週末を経てから、部下の仕事をみるように新たに自分の仕事を見直し、自分の欠陥を直した。時にはこれを繰り返す必要があった。

また、日本では情報が下から上にあげられるので、下級職員が上司に必要な情報を選択していた。ガットでは逆に情報が上から下に配布され、下級職員には自分の仕事に直接関係する情報しか与えられなかった。これは個人主義の世界で、下僚を管理するために必要ではないかと考えられた。広い情報が必要と考えれば、個室を出て同僚や各国の外交官と接触し、図書館に行かねばならなかった。

ボトム・アップといわれる日本の仕事の仕方は、下級職員を訓練し、引き上げるために役立っている。日本では大勢で仕事を手早くこなしていた。しかし、ガット事務局では仕事に時間をかけ、より深く考えさせられたので、創造的・革新的な仕事を多くしてきたように思う。集団主義は平常事務や連絡・調整事務をこなすにはよいが、創造や改革をするのには向いていない。そこで集団で事務を処理することが、必ずしも問題解決とはならないことが分ってきた。

青山学院大学に来ている中国人学生が著者に言ったことがある。「日本人は役人でも民間人でもいつも忙しくしている」。著者がジュネーブのガット事務局に赴任したとき、西ドイツの首相がアデナウアー氏であった。同氏は夏休みを一カ月とって北イタリアの湖畔にある別荘で過ごすという報道を見て驚いた。日本ならそれが非難され、一カ月間国を留守にしていれば帰ったときには同氏が首相を解任されているだろうと思った。

著者もガット事務局で最初の夏に、休みを二日とっては次にガット事務局に出勤するといったことを小刻みに繰り返していたところ、何故夏休みを続けてとらないかと不思議がられた。

著者が長年欧州に住んでいて理解したのは、次の考え方である。首相であろうとなかろうと人生は一回きりである。長い休暇は個人の権利であって、それを犠牲にすることはできない。休暇は体や精神の健康のために必要で、通常できないことが休暇中にできる。すなわち、人生を有意義に過ごすことにつながる。それが日常生活や仕事でよい判断をすることにもつながる。仕事に没頭していて、反省がない方が問題だ。

しかし、このようなことも「必要なときにはやるし、個人的にその能力もある」との厳しい裏付けがないと機能しないであろう。

集団主義と個人主義の相違が国際交渉に影響していることなどに着目し、著者が帰国後実践的な見地から、日本関税協会で講演したことがある。表1（二六頁）は『貿易と関税』誌一九九八年一月号から転載した。この表は日本人の行動様式と国際社会の行動様式との相違点についてそれぞれの特徴を示している。特に集団主義と個人主義を比較しているのを注目されたい。また、著者の本「ガット二九年の現場から」は東京大学や慶応大学などの大学院および東海大学法学部で参考書として使われた。比較文化の教材として使われたこともあったようである。

韓国の延世大学大学院経済学部長を務める Ku-Hyun JUNG 教授は、二〇〇三年四月に日本グローバル・フォーラムなどが主催して開かれた会議で、一九九七年後半から一九九八年にかけて韓国を襲った経済危機を韓国がどのように克服したかを説明した。「深刻な経済危機が国内制度の改革を受け入れやすくしたために、韓国が集団主義から脱却して個人主義になり、創造的な考え方をすることができた」と教授が述べたのが強く著者の印象に残っている。

【参考文献】

柏木恵子、北山忍、東洋編著『文化心理学―理論と実証』（東京大学出版会、一九九七年）

表1　日本的行動様式と国際社会の行動様式との相違点

社会と個人の関係

日本的行動様式の傾向	国際的行動様式の傾向
集団主義 (構成員が未成熟な社会や組織で効率的) 組織で仕事をするので多人数が必要 年功序列／身分を固定化／雇用が安定 権利意識が少なく、組織への義務感が強い 組織防衛のためなら何でもやる 合議で決定：人数が多いほど低い最小公倍数 稟議で責任分散：無難な決定が多く硬直的 意志決定に長時間かかる 下意上達──詳細にこだわる 早い人事異動(汚職・癒着の回避・昇進のため)	**個人主義** (構成員が成熟した社会や組織で効率的) 専門家・熟練者を育成、仕事を任せる。少人数能力主義／身分が流動的／雇用が不安定 権利の主張が強く、義務を軽視 個人の良識で行動 権限・責任を共有する少数で決定 思い切った決定をしやすく情勢変化に弾力的 意志決定が早い 上意下達──大筋を優先 適度な人事異動(仕事の充実を優先)
管理社会 秩序(和)を優先：組織依存の体制 長期的関係／平等／安定を重視 形式主義 組織への忠誠度を重視 個人の行動の拘束度合と制限度が高い 出る杭は打たれる：長いものには巻かれろ 硬直的：変化への対応が遅い 内部で合意された最低限を国際交渉で提示 義理人情を優先 ハード・パワー(軍事力、経済力、技術力)が発達しやすい。	**自由社会** 個人の尊厳を優先：独立性が強い個人の創意に依存 契約／自由競争／流動性を重視 実質主義 個人の能力と行動意欲を重視 個人の拘束度合が低く、創意と自発的行動を促進 批判を受け入れ、建設的に利用 弾力的：変化に適応しやすい 交渉相手の反応を考慮して前向きの提案をしやすい 合理性、筋道を優先 ソフト・パワー(情報力、交渉術、表現力、語学力)が発達しやすい
受動的・消極的 他への依存体質：見回し外交 上(上司・教師)の教示を一方的に受け入れ 出る杭は打たれる／沈黙と従順が得をする 減点主義：事なかれ主義 対決をできるだけ回避：裁判沙汰を嫌う 専守防衛で一方的な受け身の交渉 コメント型交渉 旅の恥はかきすて：国内での影響を重視。国外での影響を軽視。 同質社会：よそ者を排除しがち 裁量による行政	**能動的・積極的** 自主的判断がしやすく、自律心が高い 意見交換によって知的好奇心を啓発、判断力養成 意見表明を評価／自己主張をある程度容認 得点主義：積極的行動のリスクを容認：敗者復活可能：事情に応じて対決姿勢 攻守のバランスが取れた双務的交渉 提案型交渉 国際社会での国のイメージを重視 国際関係への影響を重視 多様性を理解し、異質なものに包容力がある 法規で定められた透明な手続による行政
表現と理論構成上の相違	
口より実行 直感的に落とし所をつかむ：演繹的説明 ノーが相手を否定するのでそれを避けるため婉曲的表現が多い 批判は人を傷つけると遠慮し討議が不活発 沈黙を立場の留保と解釈 本音と建前の使い分けが多い 「誰が正しいか」を論議しがち	**意志表現力や説得力の価値を評価** 論理に従い帰納法によって段階的に結論を誘導 ノーがことを否定するので言いやすく 直接的表現がしやすい：understatementを使用 アンチテーゼを出して活発に討議 沈黙を権利の放棄、すなわち肯定と解釈 表裏一体で、正論を尊重しやすい 「何が正しいか」を議論しやすい

3　国際交渉に日本人が強くなるには

(1)　日本の過去と現在

日本人は実体に強いわりに、言葉による表現、即ちコミュニケーションが下手であると言われる。過去において日本の教育が実体に偏り、実体を他人に伝えることを重視してこなかったためである。日本は外国文化の長所を早く吸収するために、主要な外国文物の紹介を日本語で広く行ってきた翻訳文化の国である。したがって、実用を目的として外国語を学習しなくても、日本語で外国文化の長所をある程度理解できた。

日本ができるだけ早く欧米の文化水準に追いつくという目的のためにはそれでよかった。日本国内で英語を実用にできる者は比較的少数でよく、通訳や翻訳者が比較的低く見られた。逆に、日本では実体に強い者の方が重用された。日本には「鬼に金棒」という表現があるが、鬼は実体に強い者であり、金棒は語学力に強いことであった。語学は一種の道具にしか過ぎなかった。しかし、今では金棒を持った鬼が多く求められている。

世界経済がグローバル化した今日、英語が世界語となり、外国人と英語で直接対話できなければ労多くして仕事がはかどらなくなってきた。特に多角的貿易交渉は英語で行われることが多く、英語が下手な日本人には不利となっている。起案や約束は英語で行われていて、英語に強くならなければ多角的貿易交渉に強くなれない。ガットが日本にとって重要であったにもかかわらず、英語に強くない人達がガットに係わることを敬遠した。ガットが日本でよく知られなかった理由の一つはここにある。

他方、二国間交渉では通訳が使えるため、日本語で会談することができる。また、通訳を介して話をするので、会談中に相互の主張について考える時間がある。したがって、日本には二国間交渉を好む政治家や産業人が多い。しかし、国際的影響力は英語を使う多角的交渉の方が大きい場合が多い。二国間交渉が多角的交渉を補完する役割を果している場合が多いからである。

首相が参加する八カ国サミット会議は多角的交渉の一種であって、英語がもっぱら使われている。首相に英語力があれば、その活躍が日本のためになる。

第二次世界大戦の産物の一つは原爆の発明であった。原爆の使用は他国からの侵略に対して大きな損害を与えることができる。そのため原爆の保有が他国からの侵略を避ける手段になるとの考え方がある。日本は戦後戦争放棄を憲法で謳い、現在米国の核の庇護下にある。この事実が日本の自由な行動を制約しているかもしれない。貿易政策もその例外ではないであろう。しかし、日本が欧米諸国と違った価値ある独自の意見を表明することができれば、世界で尊重されるに違いない。

（２）日本で英語教育を改善するには

将来日本でも高校教育の段階で、英語が何であるかを理解し、英語を実際に使えるようになり、国際交渉で活躍できる人達が増えなければならない。ある国や地方に特有な表現や業界に特有な表現を高校で学んで苦労する必要はない。それをすれば英語の学習が難しくなり、際限がなくなる。それは必要に応じて後から学習すればよい。

しかし、これまで日本において高校教育の段階で英語が使えるようになった人達が少ない。また、英語が嫌いになって大学に進学する学生が多い。日本の中学や高校の英語教員で英語を実際に使える人達が少ないからであろう。これからは英語教員に実用英語を求めることが必要となってきた。また、国際交渉でどんな表現が使われているかについて英語教員が調査する必要がある。

現段階では実用英語を学ぶには、外国で勉強するか、日本で勉強する場合は、目標を定め工夫することを勧めたい。英米の小説やドラマの翻訳に必要な特殊な表現も生きた英語であるが、それらの表現は国際交渉では使われていないことに注意する必要がある。語学を専門に教えている教師は、実務的な通常の英語の使い方や通訳ができなければならない。

英語と日本語との間には、イエスとノーの使い分けなど種々の相違がある。本書ではそれに詳しく触れることができないが、国際交渉ではそれに注意することが必要とされよう。言葉の違いが行動の違いとなっていることが多く、国際交渉で重要な要素になっていることは疑いない。

(3) 国際交渉に強くなるためのその他の注意点

国際交渉は個人主義体制の下で行われているので、日本が国際交渉を上手に行うためには、集団主義から個人主義に変えていく必要がある。例えば、個人の能力、判断および行動をこれまでになく尊重し、少数の自国代表に任せる必要がある。それがないと「日本からの会議出席者は世界一多いが発言は少ない」という出席者の数は多いが国際的な影響力が小さいという状況からいつまでも離脱することができない。

縦割り社会では、異なった業種や企業間または省庁間の風通しがよくない。足の引っ張り合いをやめて、優れた指導者を育成しないと、日本が政策もなく、置かれた環境に流されていくだけになる。また、上手に分業し、生活の質を向上させることができない。また、政・官・産・学の間の人材、意見などの交流は相互を刺激し、考え方を幅広くする。

実際社会では正論が通用しないから、議論は無駄だという日本人が多い。そのため合理性または論理が日本で発達しなかった。しかし、国際社会で他国を説得できるのは合理性または論理だけである。日本人は論理的な思考に強くならなければならない。

建て前と本音の使い分けは国際交渉では通用しない。

相手の感情を顧慮して返答しても、日本人は本当のことをいわずだましているととられ、相手を怒らせることがある。言い放しの一方的主張は効果が薄いので、日本人はディベートを修練しなければならない。

謙譲の行き過ぎは卑屈に見えることがある。ただし、礼儀正しい正々堂々とした発言は必要である。日本人の受け身の姿勢が目立つことが多いが、他国の非道を攻撃したり、日本が理解されるよう積極的に発信することによって、世界から日本が尊重され、日本を守ることができる。日本は攻守両用の交渉をすべきである。そのためには、日本人が英語に強くなり、国際ルールの運用に通じ、国際慣習を修得しなければならない。

日本では失点を重視することが多いが、得点と失点をバランスよく採点しないと、事なかれ主義がはびこり、成果が尊重されなくなる。

日本人は終始細かいことに関心を向ける傾向があるが、討議の初期の段階では大局的判断が求められているので、細事にこだわらずそれを尊重しなければならない。

小国意識、ちぢみ志向、逃げの姿勢、世界の問題を「対岸の火事」と見る感覚などを日本がいつまでも続けていると、日本人が小さく見られ、尊重されない。

日本は力に頼らずに、よき地球人パートナーとして交渉するように心掛けなければならない。過去においては軍事力に頼り、現在は経済力に頼った交渉が多かった。力に頼った交渉は、後味が悪い。

日本の貿易交渉を長年見てきて注意したいことがある。国際交渉では、柔らかい言い回しで相手国が最も痛いことを言うのが効果的であり、それが相手方に納得されると、相手国の制度改善にもなる。しかし、日本人の多くは日本人同士の交渉経験からそれを遠慮して言わない癖がついている。日本人同士の交渉の場合、相手にはっきり言わず、もっている意図を相手に察知させることができなければ、反発されるだけで効果が薄いからであろう。しかし、国際社会ではそれが通用しない。

最も困るのは、国際親善のために相手に痛いことを言ってはならない、と考えている日本人が多いことである。勿論、言ってもどうにもならないことを相手かまわず言ってはならない。しかし、相手方に対するこちら側の要求をはっきりさせておくことが最低限必要である。多くの国際交渉の場では、日本人からの要求が少なく、受け身の姿勢のみが目立っていて、結果的に国益を傷つけている。

(4) 多角的交渉での問題点の克服

日本は国際交渉を牽引するどころか、いつも自国のことだけ考えて交渉進捗の邪魔をしていると指摘されることがある。日本は経済大国として交渉全体の進捗について責任を負っている。交渉を提案し、交渉を進捗させる努力をしていることを世界に示すのが通常とるべき姿勢である。その上で何らかの理由で現在難しいことがあるなら、機会を選んで示すことである。

日本からの陳情団がジュネーブにある事務局や国際機関代表部を次々と訪れている。しかし、次のようなことを日本からの陳情を受けた人たちから指摘されている。「国際機関は国際協力の場であって、陳情は効果がない。場違いの所で、陳情団が日本で難しいことを強調し、いたずらに不評をかっている。

世界のことを考えない一方的な主張をしても何にもならない」。

日本の国際交渉では、いつも農業などが足を引っ張ってきた。農業団体は高い保護を続けるために運動してきたが、それが日本農政の改善に繋がっていたとは思えない。むしろ世界の動向から離れて自らを疎外する結果をもたらす恐れが大きくなっているのではあるまいか。世界では貿易自由化を進めてきた国と分野が発展し、ガットとWTOによる市場経済の規律が及ぶのを阻止してきた国と分野が発展から取り残されている。

国際交渉で日本が首尾一貫した姿勢をとることは、いつも得策とはいえない。国際社会では問題を「あれはあれ、これはこれ」と案件毎に別々に処理してきた。例えば、ダンピング防止税やセーフガード措置の外国による乱用を日本が批判しているから、日本自体がダンピング防止税やセーフガード措置を使ってはならない、という意見が日本にあった。そのような日本の姿勢は外国によって利用される恐れがある。

最近日本政府は、必要とあればダンピング防止税やセーフガード措置を発動するように方針を転換したと言われている。これらはWTOで認められた制度であって、それを歓迎したい。ただし、日本がとる措置の正当性について実証されていることが必要である。

WTOの国際交渉は長期的な観点から、国益と世界益を考慮して行われている。交渉の政治化がよくない影響を与えているのは、目先の利益だけ考えて交渉に介入する政治家が多いためである。米国では、一旦貿易交渉権が大統領(行政府)に与えられると、議会は大統領の交渉結果を変えることができない。その決定は、大統領の交渉結果を承認するかしないかに限られる(第6章1(2)を参照)。日本ではこのような政治家の介入を抑える仕組みがない。

日本からの提案は、内閣の統一のためか、同一事案についていつも一つであった。しかし、提案が各省妥協の産物であった場合、首尾一貫していなかったために、国際的には評価されないことが多かった。また、省益を考えて国益を考えていない国際交渉関係者がいた場合、その提案が国際的に受け入れられることはなかった。

国際交渉は弁護士同士の戦いのようなものである。相手国が勉強不足で関係案件についての知識が限られていれば、わざわざそれを相手方に知らせる必要はない。裁判や交渉の前に米国がある程度の情報公開を要求して、裁判と国際交渉に透明性を求めているのはそのためである。

弁護士の役割は自分側に有利なことをすべて主張することであり、国際交渉でも同様である。自国が全体的に不利であっても、主張すべきことは全部主張しておかなければならない。ただし、自国が明らかにバランスを欠いた譲歩を相手方に求めても、それが相手に分れば、国際的信用を失う。

コラム　グローバル化した世界に対する産業界の対応

国際交渉で日本の産業界を代表することが多い三菱総研の團野廣一氏は、長年の経験から次のように言っておられる。

日本は世界経済のグローバル化に対する対応が遅れている。特に産業界は、海外生産・海外企業連携や海外調達活動を通じて厳しい国際競争に直面し、その対応に迫られている。

日本は現在、明治維新および第二次世界大戦に続く、第三の転換期を迎え、大胆な改革を必要としている。

それは五五年体制からの脱却、飛躍的に進んだ情報技術の活用による改革、グローバル化の加速への対応である。変化への対応には、抜本的な「知」(知識、知恵、知心)が必要とされる。

世界銀行によると、二〇〇〇年における世界の総生産額約三〇兆九〇〇〇億ドルのうち六兆ドルが輸出または輸入されている。お金は外為取引高(二〇〇一年四月の一日平均一兆六二〇〇億ドル)をとると実体取引の三四倍以上の金額が動いている。為替差、金利差、リスク・ヘッジの場を求めて、時間差、地域差を利用してお金が世界を動き回っているからである。

世界観光機関によると、二〇〇二年の越境延べ人数が六億九三〇〇万人を超えた。WTOによる多角的貿易自由化、EUのような大規模地域統合、自由貿易協定の締結などにより、グローバル化の動きは更に増幅されつつある。また、国境を越えたボーダレス化と土地、労働、資本に係わる非市場的諸制度の共通化が進んでいる。エネルギー、食糧、水、環境の問題は国を超えて考える必要がある。

日本は世界総生産額のほぼ一五％を占め、世界貿易の六％を占めているが、人の越境は二〇〇二年に千六百万人であったから、世界の僅か二・三％であった。しかし、国連の世界投資報告書によると、世界の多国籍企業三万八千社の内約一割が日本企業であった。しかし、マイケル・ポーターのいう「世界で幾つかの国にまたがって戦略的に事業活動を行う企業」やP・D・ロビンソンのいう「トランス・ナショナルに資本と経営の両方を多国籍化している企業」となると数は極めて少ない。

日本ではグローバル化のような面倒なことを考えなくとも、今のままで日本人だけが豊かに暮らすことができればよいという意見がある。しかし、このように主張するには日本の経済規模が大きくなり過ぎている。日本経済の動向が世界の国々、特にアジア諸国に大きな影響を与えている。また実際に日本経済が外国との係わりで運営されている。自国だけよければよいという考え方は通用しない。欧米先進国をはじめする世界との協調やアジア諸国との共生に日本の進むべき途を見出さなければならない。

一九九八年に日本の現地法人の売上高が遂に輸出総額を上回った。現地法人の従業員数も二七五万人と一二年前の三倍になった。海外生産では輸送機械と電気機械が先行しているが、製造業の海外生産比率が一三・四％である。これは米国およびEUと比べてもまだ低く、今後増えていくと見られる。

外国企業との事業提携がこれから多くなろう。日本の技術提携がODAに占める比率は、未だ一五％程度に止まっており、米国の四割以上、独仏の三割以上と比べて低い。製造業の東アジアへの移転が進むとともに、技術協力の必要性が高まってこよう。

専門職サービスの自由化により、技術士等の資格の相互承認が行われると、技術協力の機会が広がる。二〇一〇年頃からは人材不足のために、海外から高度の専門知識を有する人達を受入れ、日系人研修生に加えてアジア諸国からの労働者を招き入れることが必要になろう。

このように外国との協調と共生が進行すると、貿易や国際取引に加えて、投資を伴う海外生産、合弁事業の必要性が高まり、経済協力・技術支援の必要性の広がりが予見される。そこでは現地におけるマネージメントが大切になり、専門家派遣や外国からの研修生受入れの機会が増えていこう。同時に国内で広く外国人の専門家や労働者を使うことになろう。

ところが日本は外国人に排他的で「ガイジン」に対し壁を作っている。日本人は概して「ガイジン」との付き合い方が下手で、意思疎通がうまくいってない。ある研究所が行ったアンケートによると、日本人ビジネスマンの七七％が外国とうまくコミュニケーションできないと嘆き、六七％が相手外国人の考え方が理解できないと悩んでいる。日本在外企業協会のアセアン進出企業調査でも、子会社管理上の問題の第一が現地社員の転職で、第二が日本人と現地人職員との間の意思疎通と相互理解の難しさであった。

日本人はどうすればコミュニケーション能力を向上することができるであろうか。欧米社会には罪の文化、華人社会には面子の文化、日本社会には恥の文化がある。ベネディクト女史が名著『菊と刀』で指摘したように、常にまわりの評判を気にする恥の文化が日本には強い（この本の著者がジュネーブにいたとき、日本は見回し外交〈circumspect diplomacy〉をしている、といわれたことがある）。

日本人は自分が恥をかきたくないから、また相手に恥をかかせたくないから積極的に発言しない。たとえ発言したとしても、本音と建前があるので内容があいまいになってしまう傾向がある。

日本人は昔から単一民族が、村、藩、国の囲いの中において集団で協力して生活してきた。状況や背景に情報が埋め込まれていて、以心伝心で分り合える所が多かった。「沈黙は金」と決め込んで、ぺらぺらしゃべったり、くどくどと説明するのをよしとしない傾向があった。そのため相手が外国人であっても「一を聞いて、十を知る」ことを求めてしまう。また、教育も一方的で、双方向的ではなかった。したがって、同じ主張を繰り返し、相手が理解するまで説得を続ける社会で育ってきた人達にまくし立てられると、我々日本人は気後れしてしまう。

次に英語力の問題がある。ビジネス用語は世界的に英語になっている。我々は英語の読解力と文法を習い、意思の伝達手段としての英語を学んでこなかった。外国人の英語能力の検定に〝ＴＯＥＦＬ〟があるが、二〇〇二年の日本人受験生の平均点は、アジア諸国の中で北朝鮮と並んで最低であった。日本人は英語力に自信がなく、発言を躊躇することが多い。

日本人は、平易な言葉、明快な論理で話すよう努める必要がある。繰り返すが、日本語の表現のあいまいさを避け、主語を定め、相手が十分理解できるまで、はっきり話す心掛けが大切である。日本の製造メーカーの中には、未だに技術移転の指導員として、外国語を話せない現場技能者のみを外国に送り込んでいる所がある。言葉で説明せず、体で学び取れと言っても外国人には通用しないことが多い。

ＪＥＴＲＯのセミナーである外国人女史が「日本人は、外国人と話すとき、普通日本語で伝えている十倍くらいの量を英語で話すことが必要だ」と述べた(この本の著者がジュネーブで当時のわが国首相と会談したとき、その内容を英語でガット事務局に伝えた。内容が理解されるためには、首相と交わした言葉の十倍位の英語が必要であった経験がある)。

團野氏は一九九六年にダイヤモンド社から出版された『外国人とのビジネス―これだけは知っておきたい心得帖』で詳しく外国人とのビジネスについて書いておられる。その中で、どちらかというと、多民族国家は異文化に寛容で国際的であるが、日本のような単一民族国家は特質が多く、外国人と接触するときは余程意識して相手を理解しようと努力する必要があると述べておられる。

アジアの国々には複数民族国家が多く、お互いの文化の相違を認め合う風土があると述べ、各国でしてはならない点(don't do it)に触れている。例えば、タイではいくら可愛いくとも神聖とされる子供の頭に触れてはならない。同じ単一民族国家である韓国でも、率直に本音で付き合う方がよい。韓国人の間では率直さが美徳とされ、本音のみで建前はない、と述べておられる。

第2章　ガットとＷＴＯの特性

1　ガットとＷＴＯは何故作られたか

第二次世界大戦前は現在のように無差別自由に貿易が行われていなかった。日本は非白色人種として初めて貿易で世界に進出した。しかし、輸出先で通常より厳しい輸入制限を受けたり、特別に高い関税を支払わされたりしていた。つまり、日本品が外国から貿易上の差別待遇を受けることが多かった。また、日本は新たに開拓した輸出市場から理由をつけて次々と締め出された。

第二次世界大戦は、一九三十年代の世界大恐慌が契機となって起こった。大戦への日本の参戦もこのような貿易上の差別待遇が遠因となっていた。しかし、経済大不況が世界を襲う度に世界戦争が起これば、世界経済は衰退するしかない。また、大戦前の世界ではアジア、アフリカ、中南米にある開発途上国の多くが欧米諸国の植民地にされていた。日本の第二次世界大戦への参戦の結果、日本は敗戦したが、戦後に植民地の大部分が独立し、世界の様相が変わった。

今後、地域的な紛争は残っても、世界戦争が起る可能性は著しく低下したといわれている。第二次世界大戦の戦勝国、特に米国政府が大戦後の将来を予知した開明的な政策を取らなかったら、またその後、ゴルバチョフソ連大統領の決断で東西冷戦が終らなかったら、地球に平和が訪れるのがはるかに遠くなっていたに違いない。また、人類がこの地球で滅亡するのも早まっていただろう。

新興国を差別し、植民地体制を続けていれば世界戦争が繰り返され、いつまでも世界に平和が得られない。それを認識した戦勝国によって戦争中に設立が企画されたのが、経済を担当する三つの国際機関であった。国際通貨基金（ＩＭＦ）と世界銀行（ＩＢＲＤ）は戦後間もなく米国の首都ワシントンに設立された。

これらと並んで、貿易機関を設置する話は、米英間で締結された大西洋憲章および相互援助協定が成立する際の米国の発意ではじまった。国際貿易機関（ＩＴＯ）を設立する交渉が戦後間もなく行われ、国際貿易憲章（ハバナ憲章）が採択された。国際貿易機関の設置は世界貿易の八〇％以上を占める国の賛成を要したが、当時世界貿易の二〇％以上を占めていた米国の議会が否決し、不可能となった。

ただし、一九四七年に行われた第一回関税交渉の成果を無駄にしないため、国際貿易機関憲章の規定の一部をとって「関税および貿易に関する一般協定」（略称、ガット）が締結された。ガットは翌一九四八年一月に暫定的に発効した。事務局はスイスのジュネーブに置かれた。

したがって、ガットは議会が承認した条約と違って、政府のみが承認した行政協定として扱われた。また、ガットは事務局についての規定がなく、ガットが事実上の貿易に関する国際機関の名称としても使われた。ガット事務局職員は国連が発行するパスポートを持ち、ガット事務局の正式名称は「国際貿易機関・中間委員会―ＩＣＩＴＯ」であった。その後もガットを条約に基づく正式な国際機関にする試みが行われたが、米国の議会がガットの理想主義的な規定が米国の国際貿易交渉権を侵すことを恐れて引き続き反対し、この試みも失敗した。

しかしガットは、市場経済を推進する国際機関として、第二次世界大戦後、半世紀近くの間機能してきた。その規定の大部分と交渉で決まった国際的な合意が拘束力をもち、重要な国際紛争の解決にもしばしば成功した。ガットが主催した八回のラウンド交渉の結果、輸入制限が減少し、関税水準が低下した結果、世界貿易が拡大し続けた。

米国は、日本のガット加入のために自国の関税を引き下げ、日本に無差別待遇を与えた。日本は一九五五年に西ドイツから数年遅れてガットに加入することができた。しかし、第二次世界大戦において日本と戦い、結果として海外植民地を失った英・仏・蘭などの欧州諸国が、日本にガット第三五条を適用して対日差別を続けた。欧州諸国の植民地は独立後も第三五条の対日適用を継承したが、インドが東京における戦犯裁判において日本の立場への理解を示し、他に先駆けて第三五条の対日適用を撤回した。

ガット第三五条は、ガットの既加盟国が新規加入国とガット関係に入ること、すなわち新規加入国に無差別待遇を与えること、を拒否できる規定である。日本から物品を輸入する際に特別の制限を課したり、ガット税率より高い関税を徴収したりして、日本を差別することができる。ＷＴＯ設立協定第一三条は、ガット第三五条と同様な規定である。

しかし、このような対日差別も、ガット体制を背景とした日本の粘り強い二国間交渉のお陰で、現在は消滅している。結論的にいえば、ガット体制のお陰で日本に対する貿易上の差別待遇が次第に少なくなり、日本が欧米の生活水準に近い経済躍進を遂げることができた。

ガットが主催する最後の多角的貿易交渉となったウルグアイ・ラウンドが一九八六年から一九九四年にかけて行われた。その結果ガットの管轄範囲が物品の貿易を超えて拡大し、新分野であるサービス貿易(第三次産業貿易)および知的財産権保護の二つを加えた。この管轄範囲の拡大が米国の国益と合致し、米国議会がＷＴＯの設立にも賛成した。

一九九五年一月にガットを継承してＷＴＯが設立された。「関税および貿易に関する一般協定」(略称、ガット)は物品貿易に関する条約の名称として残り、ガットの下に種々の下部協定が追加された。ガットは、新しく作られた「サービス貿易に関する一般協定」(略称、ガッツ)および「貿易関連の側面に関する知的所有権協定」(略称、ＴＲＩＰＳ協定)と並んで、ＷＴＯの下における三大基本協定となっている。

スイスのジュネーブには「世界知的所有権機関」(略称—ＷＩＰＯ)が国連の専門機関の一つとして古くから存在している。それにもかかわらず、ガットが知的財産権の問題を取り上げて交渉したのは、国連機関では開発途上国の勢力が強く、開発途上国の多くが先進国の先端的経済問題を理解し、取り上げようとしなかったためであった。

ＴＲＩＰＳ協定成立後はＷＴＯとＷＩＰＯが協力協定を締結して相互に協力している。ＷＴＯは基本的な政策問題を取扱い、担当職員の数は僅か十人程度である。ＷＩＰＯは技術的・専門的問題を主に取扱っているが、国際特許からの収入が増え、ＴＲＩＰＳ協定実施のための仕事も増えたため、職員数が急激に増加した。二〇〇二年半ばのＷＩＰＯ職員数は約千五百人を数えた。
このほかにもＷＴＯは種々の専門国際機関と協力協定を締結し、厳しく業務の重複を避けてきた。ＷＴＯ一般理事会のオブザーバーになっている国際機関は、国連、国連貿易開発会議（ＵＮＣＴＡＤ）、国際通貨基金、世界銀行、国連食糧農業機関（ＦＡＯ）、世界知的所有権機関（ＷＩＰＯ）、および経済協力開発機構（ＯＥＣＤ）である。
二〇〇二年初めに「ドーハ開発アジェンダ」と命名された貿易交渉が開始され、三年後の二〇〇五年初頭までに終了することを予定している（第６章参照）。

【参考文献】

池田美智子著『ガットからＷＴＯへ』（筑魔書房、一九九六年刊）
種々のガットとＷＴＯの刊行物

2　ガットとWTOの原則

(1)　無差別待遇原則――最恵国待遇と内国民待遇

ガットとWTOで最も重要な原則は無差別待遇の原則である。無差別待遇は、「最恵国待遇」と「内国民待遇」との二種類に分かれている。ガット第一条に規定された「最恵国待遇」は加盟国の間で国別に差別しないことを意味しており、ガット第三条に規定された「内国民待遇」は自国と他の加盟国との間で差別しないことを意味している。

「最恵国待遇」は輸入のとき関税などの貿易待遇について適用され、「内国民待遇」は一般消費税、酒税などの内国税および国内規制に適用される(サービス貿易における適用については、第6章4参照)。

最恵国税率(MFN税率)は、最恵国待遇によって国別差別がなく適用されている関税率である。しかし、最恵国税率は特恵税率より高い。詳細については、下記の第6章2を参照されたい。

戦前ガットがなかったときは、日本が社会的ダンピングをしているという理由で、日本からの輸入を制限し、日本品からの輸入に通常より高い関税を徴収する国が多かった。つまり、日本品は差別されることが多かった。日本では賃金が低かったわりに技術水準が高かったことが、戦前および戦後のある期間、日本品によって市場が撹乱されるとの恐怖心を輸入国に与えてきた。また、日本品がアジアなどにある欧州諸国の植民地に進出したが、これが欧州の市場を侵食していると当時みなされた。戦後ガットができ、日本がそれに加入し、ガット第三五条の対日適用が徐々に撤回された。つまり、日本が無差別待遇を受けることが次第に増えてきた。戦後長期間、日本の貿易成長率が高かったのもガット体制があったからだといえる。

そのため、日本は第二次世界大戦後にできたガット体制から大きな利益を得た、と言われている。

内国民待遇については、同じ蒸留酒ながら日本の酒税がウォッカなどに高く焼酎に低くなっているとの提訴がガットに出され、日本が敗訴して税制の改正が必要となった。ウォッカは輸入品が多く、焼酎は国産品が多いので、輸入品に不利で国産品に有利な税制を日本が採用し、それが国産品保護になっていると、ガットの小委員会(パネル)が裁定したためであった。しかし、焼酎の生産地を選挙地盤とする政治家が圧力をかけ、焼酎に対する酒税の引上げが延期され、代償として酒類の関税が引き下げられた。

コーヒー、ココアおよび紅茶は主に熱帯で生産されており、先進国ではほとんど生産されていない。ECの一部の国では、生産がないのに、これらの品目に内国税を課していた。そのためこれらの内国税は関税同様の輸入抑制効果を持っていた。そこでコーヒー、ココアおよび紅茶に対する先進国の内国税撤廃が、熱帯産品に対する先進国関税の撤廃の対象に加えられた。しかし、関税が国際交渉の対象になることはガット加盟国の関税当局によって了解されていたが、内国税も場合によっては国際交渉の対象になることがウルグアイ・ラウンド当時十分に了解されていたとは言い難い。そのため、コーヒー、ココアおよび紅茶に対する内国税の撤廃がその当時困難であった。

最恵国待遇の下では、加盟国の「同種の産品」(like products)が、関税などの貿易待遇で同じ待遇を受ける。他方、内国民待遇の下では、内国税と国内規制が国内産品を保護するように適用されてはならない、と規定されている。

関税などの貿易待遇における「同種の産品」とは何であるかについて疑いがある場合に、国際紛争となってきた。例えば、スペインは産地が異なるアラビカ・コーヒーとロバスタ・コーヒーとに異なる関税率を課していたが、コーヒー自体がすべて「同種の産品」であると裁定され、コーヒーの品種による関税差別を撤廃した。

ガットとＷＴＯの無差別待遇は内国税と国内規制で内外差別がないことを前提にしている。そのため、内国民待遇を受ける内国税の範囲は、最恵国待遇を受ける関税の範囲より広い範囲の産品を指すことが多い。したがって、関税を課すにあたって最恵国待遇が与えられるのは、「同種の産品」だけであるが、内国税を課すにあたって内国民待遇を与えられているのは「同種の産品または直接競合する産品若しくは代替可能な産品」である。例えば、焼酎とウォッカは同じ蒸留酒であるので、酒税の税率も同様であるべしとの裁定が紛争解決機関から下された。

関税分類については各加盟国に広範な裁量が認められており、同種の産品を異なる加盟国の間で差別しない限り合法であるとされている。したがって、関税において最恵国待遇を受ける産品の範囲が、内国税において内国民待遇を受ける産品の範囲より狭い産品を指している。

輸入における国別無差別待遇の原則は、輸入数量制限および国家貿易企業の輸入についても適用されている。なお、国家貿易企業の下では輸入制限ができると日本が勝手にガット第一七条を解釈していたが、日本の農産品輸入制限に関する紛争解決は、それが誤りであることを明らかにした。

政府調達協定は、協定加盟国政府が国内産品を優先的に購入することを認めている。また、補助金協定は、国内生産者にのみ補助金を交付することを認めている。これらは現実の慣行を国際ルールとして認め、内国民待遇の例外にしたと考えられる。

(2)　透明性の原則と互恵主義の原則

「透明性の原則」は貿易交渉とガットまたはＷＴＯ体制の運用において適用されている。透明性(transparency)とは、物事をガラスを通して見るように、明らかにすることである。貿易交渉では、相手国側の事情を知りながら自国側の事情を隠して交渉に臨み、交渉を自国に有利に進めようとする行為をまま見受ける。透明性はこのような行為を避けるために交渉上必要とされている。また、加盟国が実行関税率や貿易規則を公表し、自国の関係法令の導入や改正について事前に他国からコメントを求めたり、事務局に通報するのは、透明性を確保するためである。

日本国内でも透明性の原則が情報公開や説明責任の形で次第に多く適用され、官公庁や公的な業務を行う企業の民主化に役立ってきた。例えば、病院や薬局などで治療法や投薬の説明がされるようになったのは、透明性の原則が日本国内でも適用されてきたからである。

発言や批判がタブーとされている場合は、どこでも後ろ暗い事実が隠されている。透明性があった場合、問題に早く気がつき、後で被害が大きくなるのを防いでいる。問題を隠すための脅かしや嫌がらせは、問題の解決を遅らせたり、できなくしている。日本が国際交渉でそれに触れなければならないことがあるが、決して好ましいことではない。

「互恵主義の原則」も貿易交渉とガットまたはＷＴＯ体制の運用において適用されている。貿易交渉における互恵主義(reciprocity)とは、交渉国が相互に譲許または約束を行い、交渉が相互に利益があるようにすることをいう。ガットとＷＴＯは交渉の中間段階で交渉状況を検討し、交渉からの利益が全参加国に行渡るよう努力してきた。また、ガットとＷＴＯ体制の運用においてもこの原則が適用されている。例えば、ある品目について譲許を撤回する国があれば、撤回する譲許に代わる代償的譲許がその国に厳しく要求されている。互恵主義は、相互主義とも呼ばれることがある。

ガットとＷＴＯは先進国間で互恵主義の原則を厳しく適用してきた。しかし、先進国と開発途上国との間の交渉では、経済の発展段階が異なっており、発展段階の相違を考慮した「相対的互恵主義」(relative reciprocity)が適用されている。先進国が開発途上国と交渉するときは、発展段階の差を考慮して、自国の関税譲許と約束について相対的に少ない対価を求めなければならない。特に、先進国が後発開発途上国と交渉するときは、対価を期待してはならない旨がガット第四部に規定されている。相対的互恵主義の下では、「先進国の譲許に対し、開発途上国が対価を一切支払う必要がない」旨国連のＵＮＣＴＡＤが唱導した時期があったが、それは誤った規定の解釈に基づいていた。

互恵主義と相対的互恵主義の原則を具体的に適用するのが難しいことがある。しかし、多角的貿易交渉において関税譲許などの「ただ乗り」を避ける考え方を理解するのには役立っているようだ。

（「関税による保護の原則」については、後述の第6章2を参照されたい）

【参考文献】

米谷三依「生産方法の規制に関するガット上の規律、内国民待遇の本質論から」（『貿易と関税』一九九七年四、五月号）
平　覚「ＷＴＯ第三条と第一一条の適用関係」（『貿易と関税』一九九七年六～八月号）
三好寛「蒸留酒の税率格差に関するＷＴＯの紛争処理手続」（『関税と貿易』一九九七年一〇月号）
大竹宏枝「内国民待遇と最恵国待遇」（『貿易と関税』二〇〇二年四月号）
森信茂樹「ＷＴＯ酒税パネルから何を学ぶか」（『貿易と関税』二〇〇二年五月号）
“The National Treatment and WTO Dispute Settlement” by Goetan Verhoosel, published by Hart Publishing in 2002.

3　条約としてのWTO

(1) WTO関係協定

WTO設立協定に付属し、二〇〇三年四月末現在有効な協定(括弧内は略称)は次の通りである。

付属書一A　物品の貿易に関する多角的協定
関税および貿易に関する一般協定(ガット)
農業に関する協定(農業協定)
衛生・植物検疫措置の適用に関する協定(SPS協定)
繊維および繊維製品(衣類を含む)に関する協定(繊維協定)
貿易の技術的障害に関する協定(TBT協定)
貿易に関連する投資措置に関する協定(TRIMS協定)
GATT第六条の実施に関する協定(ダンピング防止税協定)
GATT第七条の実施に関する協定(関税評価協定)
船積み前検査に関する協定(船積み前検査協定)

原産地規則に関する協定（原産地協定）
輸入許可手続に関する協定（輸入ライセンス協定）
補助金および相殺措置に関する協定（補助金協定）
セーフガードに関する協定（セーフガード協定）
付属書一B　サービス貿易に関する一般協定（ガッツ）
付属書一C　知的所有権の貿易関連の側面に関する協定（TRIPS協定）
付属書二　紛争解決に係る規則および手続に関する了解（紛争解決了解）
付属書三　貿易政策検討制度（TPRM）
付属書四　複数国間貿易協定（WTO加盟国の中の関係国のみが参加している協定で、現在「民間航空機貿易に関する協定」および「政府調達に関する協定」がある）

この中の幾つかの協定については、第6章「WTOの関係協定と貿易交渉」を参照されたい。

(2) WTO関係協定の法的価値

国際機関における合意は、国連の決議や経済協力開発機関（OECD）の勧告のように拘束力をもたないものがある。拘束力がない場合、自国内で国際合意を実施するかどうかが任意となる。

他方、ガットとWTOで定められた国際貿易のルールと合意事項の大部分は、加盟国間の拘束的契約である。ガットとWTOがその担当する分野において高い当事者能力をもっているのは、国際ルールと合意事項の大部分が拘束力を持っており、提訴があれば紛争解決機関が機能しているからである。

この拘束性は、WTO設立協定に明文化された。WTO設立協定の第一六条四項は、各加盟国は自国の法令および行政上の手続をWTO関係協定に定める義務に適合したものにすべき旨規定している。つまり、WTO加盟国は自国が拘束される国際法上の規定と合意を国内で実施する義務がある。

WTO設立協定に付属する上記の諸協定は、日本国憲法第九八条にいう「条約および確立された国際法規」として公布された。また、日本国憲法はこれらの条約などについて「誠実に遵守することを必要とする」旨述べている。したがって、日本では国際法が国内法に優先することが通説となっている。

ガットとWTOのルールには数多くの例外が認められている。また、ある国内措置や二国間の約束が、ルール違反の疑いがあっても放置されていることがある。納得できる特殊事情があったり、第三国に実害を与えていないからである。しかし、それだからといってWTOのルールは厳しく守られていないから軽視してもよいと考えるのは早計であろう。ウルグアイ・ラウンド貿易交渉において、日本は米国によるコメの貿易自由化提案に驚き、誤ってそう考えた関係者が多かったのが記憶に新しい。

ガットとWTOは民事法の世界にあると考えるのが分り易い。ある会社が商法違反をしても、悪影響を受けた会社や個人がそれをすべて裁判所に訴え出るわけではない。貿易自由化が進むにつれて隠れた産業保護やルール違反が徐々に表面に出てきて、次第に交渉や提訴の対象になってきた。一旦交渉や提訴によって問題が顕在化すると、先進国の場合ガット規定が厳しく適用されている。

ガットとWTOが主催してきた貿易交渉は、貿易自由化を進めるだけではない。貿易ルールの追加や改訂が次第に重要な貿易交渉の仕事になってきた。

4　多角的貿易交渉の場としてのガットとWTO

ガットとWTOは、関税引下げと輸入数量制限の撤廃または緩和を含む貿易自由化を進めることを、多角的貿易交渉の主な仕事の一つとしてきた。交渉は次第に複雑になり、事務局があるスイスのジュネーブ市で行われることが多くなった。なお、多角的貿易交渉では、多くの分野における交渉をまとめて一斉に行う大交渉をラウンド交渉と呼んできた。

多角的貿易交渉の結果は、交渉参加国の国際的契約となり、国別に、物品に関しては譲許表、サービスに関しては約束表に記載される。また、最恵国待遇によって交渉結果が加盟国のすべてに適用される。分野別交渉については第6章を参照されたい。

５　国際貿易紛争解決の場としてのガットとＷＴＯ

(1)　ガットとＷＴＯの紛争解決手続き

ガットとＷＴＯは加盟国の利益が無効にされあるいは侵害されたときの紛争解決制度をもっている。ガットとＷＴＯが加盟国から信用されてきた理由の一つは、紛争解決機関がうまく機能して、処理件数が多いことにある。ガットとＷＴＯの紛争処理件数は国際司法裁判所のそれよりはるかに多い。しかも、その裁定は大部分が受諾され、実施されている。

しかし、最近では保健に関連した問題、例えば成長ホルモンを与えられた牛の肉のＥＵによる輸入禁止、が提起されている。ＳＰＳ協定の規定でいう科学的証拠がなく、この輸入禁止が十分な危険性の評価に基づいておらず、国際ルールに違反している旨裁定された。しかし、非政府組織（ＮＧＯ）や消費者が長期的に見た健康への被害を疑い、このような案件の政治的解決を求め、問題の国際的解決が困難になっている。ホルモン肉をＥＵに輸出していたカナダと米国は、ＥＵに対する一定額相当の譲許の一時停止をＷＴＯに求め、承認された。

ＷＴＯの紛争解決制度は政府間の紛争を解決するシステムであるから、民間は自国政府が自社関係の案件を取り上げてくれないとＷＴＯ上の紛争解決問題にならない。しかし、近年日本政府も民間からの訴えでＷＴＯに提訴する案件が増えている。

ガットまたはＷＴＯに義務違反などが提訴されると、提訴された国はそれを受けなければならない。「ＷＴＯは牙(teeth)をもっている」といわれることがあるが、ガットとＷＴＯでは提訴されると被提訴国がそれを受ける義務があるからである。他方、国際司法裁判所に提訴された場合はその審理を拒否することができる。これを言い換えると、強制管轄権をＷＴＯはもっているが、国際司法裁判所はもっていない、ということになる。日本海にある竹島(韓国名独島)の領有権に関し、国際司法裁判所に紛争を付託し、その判決に従うことについて日本が韓国に打診したことがあったが、拒否されたということである。

ガットとＷＴＯの紛争解決の特徴は、解決に時間的制限があって加盟国に使い易くなっていることである。ＷＴＯでは、例外を除いて提訴後大体一年か、一年半以内に問題が解決されることになっている。その時間的制限は、裁判所に提訴する場合よりはるかに短く実用的で、貿易問題の処理に適している。このように簡便な紛争解決手続きを変更して、裁判のように議事を一般に公開する案が米国から出されている。ＷＴＯ裁決の影響を考えて、より正確な紛争解決にしようとする考え方は、解決に時間がかかり手続が実際に使い難くなるという危険を伴っていることを忘れてはならない。

ＷＴＯの紛争解決手続については、図1(六三頁)を参照されたい。

ガットとＷＴＯの紛争解決は実質的に裁判に近いが、別に裁判所が存在しているわけではない。紛争が提起されれば事務局の空いた部屋を使って紛争の解決を図る。ＷＴＯの管轄事項に詳しい人達が小委員会委員(panelist)候補者として予め登録されている。紛争の案件毎に関係国が同意した小委員会委員が三人選任され、裁定を行う。ジュネーブ近辺に住んでいる中立的な外交官が選ばれることが多いので運営費は少ない。しかし、取扱い件数次第では常駐の委員が必要となり、費用が増加しよう。

ガットとＷＴＯでは、関係国間で問題が解決したときに、提訴を取り下げることが多い。

ＷＴＯでは小委員会(Panel)の設置が要求されると、自動的に小委員会を設置することになった。ガット時代には被提訴国が自国に不利な案件について、小委員会の設置を遅らせ、あるいは設置に同意しないことがあったからである。事実関係の審理は、小委員会でしか行われていない。

ＷＴＯでは二審制が採用され、小委員会の上に上級委員会(Appellate Body)が設置された。小委員会の裁定に法律面で不服がある加盟国は、上級委員会に上訴することができる。上級委員会の裁定は、ＷＴＯ加盟国の全部が反対しない限り、紛争解決機関によって採択され、ＷＴＯの最終的な決定となる。これをネガティブ・コンセンサスによる決定という。ＷＴＯ加盟国全部が反対することは通常ないので、実際には上級委員会の裁定が自動的にＷＴＯの決定となっている。

上級委員会は七人の委員で構成され、地域的な配分を考慮して選任される。案件毎にその内の三人が担当委員として選ばれているが、審理の整合性を確保するために他の四人の委員も、各案件をどう処理するかの相談に与かっている。

最初の上級委員会委員に東京大学法学部教授であった松下満雄氏(現在成蹊大学客員教授)が選ばれた。次に京都大学法学部教授であった谷口安平氏(現在東京経済大学法学部教授)が選任された。任期は四年で、一回は再任できる。

被提訴国が裁定結果を実施しないとき、提訴国は紛争解決機関の許可を得て、対抗措置をとることができる。他方、被提訴国が裁定の実施を遅らせるときは代償を提供しなければならない。いずれも裁定実施までの一時的な措置とみられている。

WTOの紛争解決手続は、国際紛争を解決することによって、次の機能も果たしている。

(1) 規定の文言の解釈を明らかにすることがある。

(2) 監視制度は事前に規定の実施を確保しているが、紛争解決は事後に規定の実施を確保している。

(3) WTOの違反措置を撤回させている。ただし、WTOの紛争解決制度は、政府の過誤について民間に補償するところまで成熟していない。

(4) 紛争解決機関の裁定が、紛争当事国の行動を律する。例えば、貿易の保護主義者も裁定にしたがっている。

東京大学の岩沢雄司教授によると、半世紀近く続くガット時代の間に紛争解決のために要請された協議の件数は三百を超え、協議が不調で小委員会が設置された件数はその半分に及んだ。ＷＴＯが発足してから提訴件数が増え、一九九五年から二〇〇〇年までの六年間に二一九件について協議の要請が行われた(同一案件について複数の国が提訴することがあるので、案件で数えると一六七件になる)。その内の九四件で小委員会が設置され、小委員会の報告書が五三本出された。一四件(一一案件)については上訴が行われず、小委員会の裁定が確定した。四五件(三三案件)が上訴の対象となり、上級委員会の報告書が出された。

(2) 日本のガットとＷＴＯの紛争解決手続き利用

日本はその行動をガットの紛争解決手続の下で訴えられることが多く、日本が他国を訴えることがなかった時期がある。それは他のガット加盟国が日本との貿易においてルール違反をしていなかったためではない。米国人は法規を守るためや法人または個人の利益のために他を訴えることが多い法律社会を作っている。反面、日本人は訴訟嫌いで対決より融和を好んでおり、法律に訴えることを最後の手段だと考えている。また、日本の企業には政府に頼るより自らが問題を解決したいとする風潮がある。この社会風土の違いが、担当大臣の政治決定の違いとなり、ＷＴＯ紛争解決手続の利用頻度の差になっている。

著者がガット事務局に勤務していたとき、この点をガットの法務部長に指摘されたことがある。「それではガットの記録上日本ばかりがガット違反をしたことになり、日本のためにもよくない」と。その後著者は、日本がもっと積極的にガットを利用する必要があることを、ジュネーブで会う日本代表の多くに訴えた。それが結実したのは、日本が初めてガットに提訴したときである。日本製自動車部品をECが不当に取扱ったとき、日本政府がそれをガットに提訴し、勝訴した。当時の担当大臣は「日本が二百%勝てるか」と、不安げに担当官に聞いたそうである。

ＷＴＯ発足後に日本が関与した紛争解決案件については、表2（六四頁）を参照されたい。

最近は紛争解決手続およびダンピング防止税、セーフガード措置といった一時的な措置を使う国が幾つかの開発途上国を加えて増えてきた。中には中国のように「他国にやられれば自国もやる」といったように他国の制度利用に対抗している国もある。それ自体は好ましいことではないが、ＷＴＯの制度として認められている一時的保護措置を他国が頻繁に利用するのを抑止する効果があるのは否定できない。

日本がＷＴＯに提訴したり提訴される際に注意したいことがある。小委員会や上級委員会には、その場で質問に英語で即答できるベテランを派遣すべきである。後で正確に返答しても効果が期待できない。関係国は自国の代表を選ぶ権利があるので、それができる人材を派遣することが望ましい。

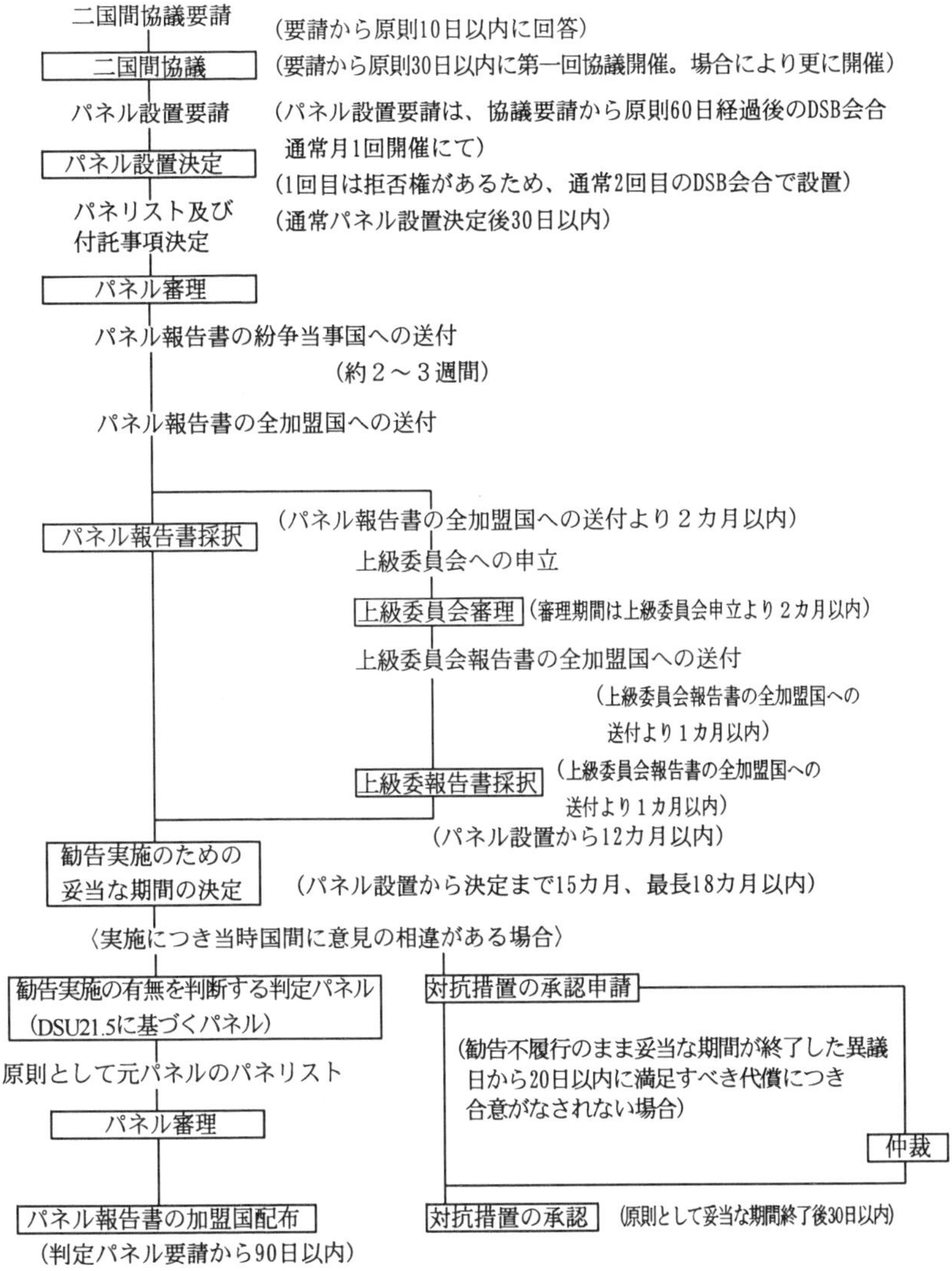
二国間協議要請
（要請から原則10日以内に回答）
二国間協議
（要請から原則30日以内に第一回協議開催。場合により更に開催）
パネル設置要請
（パネル設置要請は、協議要請から原則60日経過後のDSB会合
通常月1回開催にて）
パネル設置決定
（1回目は拒否権があるため、通常2回目のDSB会合で設置）
パネリスト及び
付託事項決定
（通常パネル設置決定後30日以内）
パネル審理
パネル報告書の紛争当事国への送付
（約２～３週間）
パネル報告書の全加盟国への送付
パネル報告書採択
（パネル報告書の全加盟国への送付より２カ月以内）
上級委員会への申立
上級委員会審理
（審理期間は上級委員会申立より２カ月以内）
上級委員会報告書の全加盟国への送付
（上級委員会報告書の全加盟国への
送付より１カ月以内）
上級委報告書採択
（上級委員会報告書の全加盟国への
送付より１カ月以内）
（パネル設置から12カ月以内）
勧告実施のための
妥当な期間の決定
（パネル設置から決定まで15カ月、最長18カ月以内）
〈実施につき当時国間に意見の相違がある場合〉
勧告実施の有無を判断する判定パネル
（DSU21.5に基づくパネル）
原則として元パネルのパネリスト
パネル審理
パネル報告書の加盟国配布
（判定パネル要請から90日以内）
対抗措置の承認申請
（勧告不履行のまま妥当な期間が終了した異議
日から20日以内に満足すべき代償につき
合意がなされない場合）
仲裁
対抗措置の承認
（原則として妥当な期間終了後30日以内）

図１　ＷＴＯ紛争解決手続

（出所：経済産業省通商政策局編『2003年版 不公正貿易報告書』）

表2 WTO発足後に日本が関与する紛争案件

(1) 日本が提訴した紛争案件

案件名	段階
米国通商法第301条に基づく一方的措置（自動車100％関税賦課等）	終了
ブラジル自動車政策	協議
インドネシア自動車政策	終了
米国の地方政府の調達手続問題	パネル消滅
カナダの自動車政策に係る措置	終了
米国の1916年アンチ・ダンピング法	終了
米国の日本製熱延鋼板に対するアンチ・ダンピング措置	終了
米国1930年関税法改正条項（バード修正条項）	終了
米国サンセット条項	パネル
米国の鉄鋼製品に対するセーフガード措置	パネル

(2) 日本が被提訴国となった紛争案件

案件名	申立国	段階
酒税格差	EU、米、加	終了
移動電話（1994年日米合意）	EU	終了
著作権隣接権	米国、EU	終了
フィルム・印画紙市場に関する措置	米国	終了
流通サービス措置（大店法等）	米国	協議
豚肉輸入に係る措置	EU	協議
運輸多目的衛星用衛星航法補強システム調達	EU	終了
リンゴ等農産品に係る輸入検疫	米国	終了
皮革に係る関税割当制度及び補助金	EU	協議
リンゴの輸入に係る措置	米国	パネル

（出所：経済産業省通商政策局編『2003年版 不公正貿易報告書』）

注：以上の他日本が第三国として利害関係を有していると申し立てた紛争案件が16件記録されている。

【参考文献】
Ｗ・Ｊ・Ｄａｖｅｙ「ＷＴＯシステムにおける紛争解決に関する諸問題」（『貿易と関税』一九九七年一月号）
石黒一憲「ＷＴＯの紛争処理手続における審査基準を巡って」（『貿易と関税』一九九七年一月号）
近田春実「ＷＴＯの紛争解決手続における課題」（『貿易と関税』一九九七年八月号）
滝川敏明「政府と企業による参入制限とＷＴＯ」（『貿易と関税』一九九七年一〇月号）
片桐一幸「ＷＴＯにおけるフィルム問題協議について」（『貿易と関税』一九九七年一〇月号）
米谷三以「ＧＡＴＴは何を目指しているのか、貿易紛争処理コスト削減のための一考察」（『貿易と関税』一九九七年一一、一二月号および一九九八年一月号）
松下満雄「ＷＴＯの紛争処理の傾向と今後の課題」（『貿易と関税』一九九八年五月号）
荒木一郎「ＷＴＯにおける紛争処理の実際」（『貿易と関税』一九九八年九月号）
田村次朗・飯野文「ＧＡＴＴ―ＷＴＯ紛争処理パネル報告の法的効果」（『貿易と関税』一九九九年四月号）
津久井茂充「ＷＴＯの発足四年半に見る紛争処理の状況」（『貿易と関税』一九九九年一〇月号）
小室程夫「ＷＴＯの非違反申立手続」（『貿易と関税』一九九九年一二月号、二〇〇〇年一月号）
谷口将紀「ディフェンシブな提訴―日米フィルム摩擦の政治学」（『貿易と関税』二〇〇〇年四月号）
松下満雄「ＷＴＯ上級委員の任期を終えて」（『貿易と関税』二〇〇〇年六月号）
宇野悦次「紛争解決手続」（『貿易と関税』二〇〇二年四月号）
岩沢雄司著『ＷＴＯの紛争処理』（三省堂、一九九五年刊）
岩沢雄司「ＷＴＯ紛争処理の国際法上の意義と特質」（日本国際法の百年　第九巻『紛争の解決』三省堂、二〇〇一年刊）
経済産業省通商政策局編『二〇〇三年版　不公正貿易報告書』

6　国際機関としてのガットとＷＴＯ

民間で作られた国際機関が数多くあるが、主なものは政府間の国際機関である。貿易を専門とする政府間国際機関の中でガットまたはＷＴＯが重要であることは疑いない。ガットとＷＴＯは世界で市場経済を推進し、貿易自由化を進め、国際貿易ルールを定め、国際貿易紛争を解決し、各加盟国の貿易政策を定期的に検討してきた。世界政府は未だ出来ていないが、貿易面では現在ＷＴＯが加盟国の行動を律しているのである。

ＷＴＯは貿易機関と称しているが、国内経済問題に係わることが多くなってきた。貿易問題を解決するためには、国内の経済体制を変える必要がある場合が多いからである。特に新分野のサービス貿易および知的財産権については、ＷＴＯの関与が国内経済に強い影響を与えている。

ガットまたはＷＴＯの予算は、入手できる最近三年の貿易額に基づいて加盟国に配分されてきた。貿易額がＥＵの域内貿易を含んでいるため、どちらかというと欧州諸国に重く、米国や日本に軽くなっている。二〇〇三年のＷＴＯ予算は総額一億五四〇〇万スイス・フランで、一位は米国（一五・九％）、二位はドイツ（八・九％）、三位が日本（六・四％）であった。以下四位から一〇位までは、英国、フランス、イタリア、カナダ、オランダ、香港および中国が占めた。

ＷＴＯも国連(United Nations)のような国際機関である。国連には加盟国の政治と経済の制度に関係なく、主権国家であれば加入できる。つまり、国連では、市場経済国と計画経済国、あるいは民主主義国と独裁国が共存している。複雑な国際社会では、国連のような国際機関が異なった制度を持つ国々に会合する場を提供することが必要であった。

他方、ガットとＷＴＯでは業務のやり方が国連とは著しく異なり、ガットとＷＴＯには他の国際機関にはない種々の特色がある。例えば、ガットまたはＷＴＯに加入するためには、市場経済を実行していることが実際上条件とされている。ガットとＷＴＯは国家貿易を認めているが、国家貿易は市場経済国で次第に減少している。共産主義が標榜していた計画経済は、ガットとＷＴＯでは求められていない。

ガットとＷＴＯは国連の専門機関に準ずるものとされている。ただし、ＷＴＯはその設立に当たって国連から独立する決定を採択した。ＷＴＯが国連の政策決定に従うことを避けるためである。ともあれ、ＷＴＯは国連およびその専門機関の多くと友好関係を保っている。

スイスのジュネーブでガットなどの国際機関を担当する日本大使を務めた後、ニューヨークに国連大使として赴任したある方の発言は、ＷＴＯと国連との違いを端的に示している。「ジュネーブに赴任したときは先進国の大使にまず挨拶したが、ニューヨークに赴任したときは開発途上国の大使に先に挨拶したよ」。開発途上国の大使は本国からの訓令が少なく、個人的意見により物事を決められることが多い。安全保障問題はともかくとして、国連ではそのため開発途上国の大使が先進国の大使より重要な場合が多い。

WTOは政策を決める場であって、実際の業務を行っていない。しかし、極めて実際的で、加盟国の支出を低く抑えている。WTO事務局は、職員数を絞って少数精鋭主義を取る方針を続けており、二〇〇三年四月末現在のWTO職員数は臨時職員や補助職員を入れても約八百名であった。職員が少なくて済むのは、WTOには国連のように職員の国別割当がなく、実務能力者を集めているからである。

WTOでは英語、仏語およびスペイン語の三つの公用語しか使うことができない（国際語を自由に使えない貿易関係閣僚に日本語の使用を許すことが希にあったが、それは一般的には許されていない）。国連は、さらにロシア語、中国語およびアラビア語の三カ国語を加え、計六カ国語を公用語にしている。公用語の数が少ないため、WTOでは職員数と予算が節約されている。

しかし、最近はどこでも世界語となった英語を公式、非公式に使うことが多くなってきた。アセアンの会合で使われているのは英語だけである。アセアン加入のために、閣僚の大半を英語が使える人達に入れ変えた国があったということである。

ガットとWTOは加盟国主導であるとも言われる。事実ガットとWTOは加盟国の合意に基いて行動してきた。また、ガットは正式に議会から認められた国際機関ではなく、機関としての見解を表明することができなかった。ガットを継承してWTOが正式な国際機関として設立されたが、その後もこの伝統が守られている。ただし、加盟国が事務局員に非公式に意見を聞くのは自由であって、事務局員の考え方がＷＴＯの行動に影響を与えているのも事実である。

ガットとＷＴＯは、機構と手続をできるだけ簡素にし、実効を得ることに精力を集中してきた。根回しや非公式会議を使って弾力的に運営し、ベテランをそろえた小回りのきく小さな事務局を伝統的に維持している。また、実務的で成果が得易く、世界経済の変化にダイナミックに適応してきたとみられている。

ガットとＷＴＯの事務局長は、協議によって決められてきた。他の国際機関のように事務局長を投票で決めれば、事務局長を開発途上国から選ぶことが多くなる。これまでガットとＷＴＯの事務局長は先進国から選ばれてきたが、二〇〇三年現在の事務局長はタイ国の副首相を勤めたスパチャイ氏(Supachai Panitchpakdi)である。日本の後押しもあって、彼が初めて開発途上国から選ばれた。事務局長の任期は通常六年であるが、ニュージランドの首相であったムーア氏とＷＴＯ事務局長のポストを争い任期を折半した。そのため、両氏の任期が三年となった。

長年の間、著者はガット事務局唯一の日本人であり、ミャンマー以東唯一のアジア人でもあった。ガットとＷＴＯの事務局では、日本人は今まで一番増えたときでも四人であった。

ＷＴＯ機構図を図２(七〇頁)に示す。最高機関は閣僚会議で、それが開催されていないときは一般理事会が決定権をもっている。閣僚会議は少なくとも二年に一度は開催されることになっており、ラウンド交渉の開始、中間審査、終了のような重要事項のみを取扱っている。各理事会はいろいろな委員会や作業部会を下部機構としてもっている。

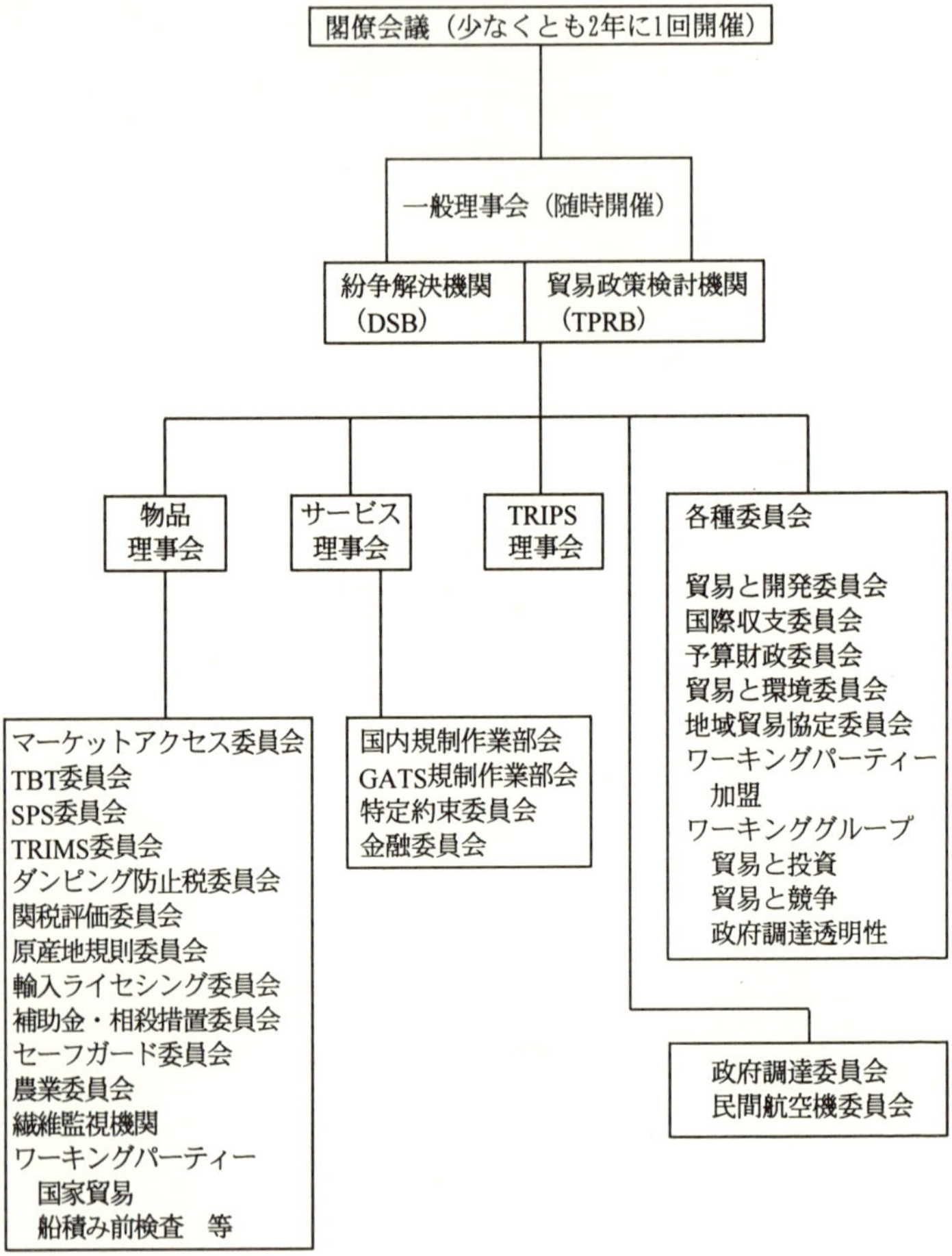
閣僚会議（少なくとも2年に1回開催）
一般理事会（随時開催）
紛争解決機関（DSB）
貿易政策検討機関（TPRB）
物品理事会
サービス理事会
TRIPS理事会
各種委員会
貿易と開発委員会
国際収支委員会
予算財政委員会
貿易と環境委員会
地域貿易協定委員会
ワーキングパーティー
加盟
ワーキンググループ
貿易と投資
貿易と競争
政府調達透明性
マーケットアクセス委員会
TBT委員会
SPS委員会
TRIMS委員会
ダンピング防止税委員会
関税評価委員会
原産地規則委員会
輸入ライセシング委員会
補助金・相殺措置委員会
セーフガード委員会
農業委員会
繊維監視機関
ワーキングパーティー
国家貿易
船積み前検査　等
国内規制作業部会
GATS規制作業部会
特定約束委員会
金融委員会
政府調達委員会
民間航空機委員会

図2　WTO機構図

（出所：2003年版『不公正貿易報告書』）

７　ＷＴＯの決定方式

ＷＴＯの決定は、ガットにおける慣行を維持し、コンセンサス（全会一致）で行なわれている。一般理事会が決めたところによると、コンセンサスが得られないときにのみ投票によって決定できるとされているが、実際には投票はほとんど行われていない。

投票についての規定によれば、通常は投票の過半数で決定を行い、加入、改正および義務免除（ウェーバー）の三大重要事項のみが、全加盟国の賛成、あるいは加盟国の三分の二または四分の三の賛成を要するとされている。また、条文の解釈を採択するには加盟国の四分の三の賛成を要する。

ガットでは早くから票決が機能しないことが分っていた。加盟国の四分の三以上を開発途上国が占めるようになったからである。先進国は世界貿易の過半を占めているが、開発途上国は票数が多い。票決すれば先進国の意向を無視して何らかの決定を行うことができる。また、票決すれば、提案が可決されたとしても、反対票を投じた加盟国の不満が残る。そのため、ＷＴＯの決定方式がコンセンサス方式に変えられたのであった。先進国の意向を無視した国連などの決議はなおざりにされることが多く、実効がない場合が多かった。

ＷＴＯで多くの重要事項を決定できるのは、反対者が何故反対するかを説明しなければならないからである。黙っていては賛成しているととられるので、反対者は発言を求める。反対理由に正当性があると認められれば、反対理由を勘案して提案が修正される。ただ反対というだけでは受入れてもらえない。

WTOでは公式会議前に、事務局が非公式会合を招集することが多い。開発途上国問題については、まず先進国グループ七国（EUを一国とみる）と開発途上国グループ七国を別々に招集した。次の非公式会合には先進国グループと開発途上国グループとを一緒にして招集した。これを「七プラス七」の非公式会合と言う。公式会議でどの程度の会議の進捗が得られるかの感触を予め得ておくためである。非公式会合を行っているため、会議前に大体の結論が得られ、会議での紛糾が避けられた。WTOではこのように事前に根回しが行われ、公式会議の開催期間が短縮されている。

主要国の代表および意見をもった代表に非公式会合に出席するよう事務局が声をかけた。非公式会議で、日本代表は意見を表明しなかったり、事務局や他国の提案にすぐ反応せず、消極的に見えることが多かった。

日本では集団主義によって物事を決定している。そこでは個人の識見や意見を尊重しないことがある。そのため、いつも回答が出てくるのが遅く、他国への印象が薄い日本の決定は無視されがちであった。日本の集団主義が国際交渉の実状に合っていないと痛感させられることが多かった。

日本からの会議出席者はいつも世界一多いが、会議での発言は少ない。集団主義のためである。

第3章　市場経済を推進するガット
または WTO への加入

1　ガットまたはＷＴＯに加入するための条件

国連への加入は主権国家であればよい。市場経済国または計画経済国であろうと、民主主義国または独裁国であろうと、国の制度が国連加入に際して問題にされることはない。

他方、ガットまたはＷＴＯへの加入は、主権国家以外にも、通商関係などで完全な自治権をもつ独立した関税地域が、本土とは別個にガットまたはＷＴＯに加入することができる。

条件としては、加入申請国が加入交渉を希望する既加盟国のそれぞれと加入について合意に達することが要求される。特に、市場経済を採用していることが、加入の際に要求されている。また、加入申請国は、既加盟国がそれまで行ってきた貿易自由化と同様な貿易自由化を約束しなければならない。

ＷＴＯ加盟国のことを英語ではＷＴＯメンバー(WTO Members)という。メンバーは主権国家ばかりではなく、このような関税地域を含んでいる。

中国は「一国二制度」を認めている。そのため中国とは異なった関税地域である香港およびマカオばかりでなく、台湾もすでに中国とは別個にＷＴＯのメンバーとなっている。香港は英国の植民地であったときから英国とは別にガットに加盟していたが、一九九七年に中国に返還された後も、別個のＷＴＯメンバーとしての地位を守っている。マカオはポルトガルの植民地であったが、一九九九年に中国に返還された。台湾は「中華台北」(Chinese Taipei)の名称で、二〇〇二年一月に中国とは別に、少し遅れてWTOに加入した。

これらの事実は台湾や香港などの国際的地位に関係している。台湾は事実上独立国家の体を成しているが、中国が政治的にその一部であると主張し、米国と日本などが中国の主張を認めている。台湾は、WTOのルールにより中国が承認して別個のWTOメンバーとなった。香港およびマカオは中国本土と異なった制度を採用し、異なった関税地域を維持することが国際的に認められている。

以前、「ガットは市場経済国の国際機関だから、世界的な国際機関であるとはいえない」旨の批判をガットは受けていた。しかし、東西冷戦が終わり、大部分の共産圏諸国が計画経済を捨て市場経済を採用しつつある現在、世界貿易機関(WTO)が名実共に世界の貿易機関となっている。WTOに加盟していないか、加入を申請していない国は、二〇〇三年四月末現在、北朝鮮、イラク、イランおよび貿易が極めて少ないか近隣諸国としか貿易していない国に限られている。

2　共産圏の崩壊と中国などのWTO加入

共産圏の計画経済が悪化し、この制度がうまく機能しないことが明らかになったとき、ゴルバチョフソ連大統領が決断して東西冷戦体制が放棄された。鄭小平氏が指導していた中国は早くからガットへの復帰を希望していた（後記の「コラム　中国のＷＴＯ加入」参照）。

次いでロシアを初めとする共産圏諸国が次々に市場経済を推進するガットまたはＷＴＯに加入を申請してきた。しかし、共産圏の主要国は加入交渉において日本の明治維新のような経済制度の大改革を行わなければならなかった。

計画経済から市場経済に転換するのは容易でない。例えば、共産圏諸国では共産党員が裁判官を務め、法的根拠なしに各人が恣意的な決定を行っていた。市場経済に必要な一連の民事法・経済法が共産圏諸国には存在せず、先例があってもそれが無視されがちで、決定に一貫性がなかった。つまり国民の間に差別があるかどうかの尺度が存在せず、差別が横行していたというのが共産圏諸国の実体で、それは共産主義に関する社会的通念に反するものであった。

他方、市場経済国においても能力の相違や貧富の差からくる差別が実際に存在することを否定できない。しかし、国民すべてが法律の下では平等で、先例が尊重されている。

共産圏諸国は市場経済を採用する宣言を行い、市場経済を推進する実績を作ってからガットまたはＷＴＯに加入する申請を行った。そうしないと加入申請を受付けてもらえなかったからである。例えば、ソ連は東京ラウンド貿易交渉後に「中央計画経済を地方分権化する」という文書を提出してガットに加入を申請したが、受入れられなかった。加入を申請して受入れられれば、国際機関と主要国の援助があって、市場経済化と経済制度の近代化が促進される。また長期的に対外信用が増し、外国からの投資が増加することになる。

中国は二〇〇一年一二月にWTOに加入したが、加入申請後、加入実現までに約一五年かかった。天安門事件のために加入交渉が一時中断したが、制度改革にも時間がかかっている。中国は多くの貿易・経済法規を制定したが、国内でいろいろ異なった解釈をされている。新しい法規が実施されても、地方によって解釈が異なることがあるようだ。

中国で苦労したある業者によると、新しくできた法律は、上海市や江蘇省などの地方毎に税関に伝達されるため、地方毎に解釈が異なっている。したがって、ある地方で行われたことが他の地方でも行われるとは限らないとのことであった。

中国が加入交渉で約束したことを加入後実施するかどうかが懸念されている。通常、市場経済国では法律の解釈に上下がつけられており、最高裁の解釈は下級裁判所の上位にある。行政における解釈も裁判所の判決があればそれに従っており、通達で全国における解釈の統一を図っている。そのため法律の解釈に安定性と予見可能性がある。WTOは加盟国が国際ルールの実施に安定性と予見可能性があることを求めている。

中央政府の意図は徐々に地方へも浸透していくであろうが、人治国家から法治国家になるのは難しい。ある人によると、中国では法令がよく変更され、中国人には概して法律を都合よく変えることに罪悪感がないという。また「上に政策あれば下に対策あり」で、法の網をくぐることが常態である。このような国家でＷＴＯにおける約束がどう扱われるかを世界が見守っている。

約束違反があれば中国と協議し、協議で問題が解決されなければ、ＷＴＯ加入の際の約束が実施されているかどうかを監視するＷＴＯの部会に通報しなければならない。それでも約束違反が是正されない場合は、問題をＷＴＯの紛争解決機関に提訴するしかない。中国の行政措置によって影響を受けた国々は、これらの行動をとることが当然とされている。それをすることが中国の市場経済化や近代化の助けにもなる。もしそれに中国が反発すれば、中国が世界の信用を失うであろう。

他方、中国はＷＴＯ加入に伴う対外信用の増大と貿易自由化の利益について確信しているとみられる。ＷＴＯへの加入は採算性の悪い国営企業の解体ならびに民営化のような犠牲を伴うであろうが、中国は、加入条件の実施如何にこれからの対外信用がかかっているため、結局約束を実施することが期待される。

中国の近代化に大きく貢献した鄭小平氏は「ねずみをとれる猫は白でも黒でも皆よい猫だ」と言った。これが最近では「能率が第一、平等は第二」というモットーになった。共産圏国家はパイ（富）を大きくすることよりも、パイをどう配分するかに精力を集中していると言われてきたが、中国も現実的になってきた。

米国や日本などで最近中国脅威論が台頭してきたが、中国が共産主義的計画経済をソ連にならって採用していなかったらもっと早く中国経済が強化されていたに違いない。中国は現在急速に経済を発展させているが、多くの国内問題を抱えてその解決に追われている。それを考えると中国の影響を過大視してはならないという意見もある。

いずれにしろ中国、ロシア、ヴェトナムなどの共産圏諸国の市場経済化は、将来の世界平和と世界経済の発展のために歓迎すべきことである。

ロシアは一九八九年暮に行われた米ソ首脳のマルタ会談後にガットへの加入申請を行い、受理された。しかし、未だに加入を実現させていない。ヴェトナム同様に市場経済化に伴う制度改革が不十分なためである。蒙古は一九九七年に、キルギスタンは一九九八年にＷＴＯに加入した。これらの共産圏諸国は比較的に早くＷＴＯに加入できたが、内陸にあって発展段階が低く、ＷＴＯ加入からの利益が限られていると見られる。

チェコスロヴァキア（現在はチェコとスロヴァキアの二国に分離）は、ガット発足時市場経済国としてガットに加盟していた。しかし、戦後間もなくソ連ＫＧＢの手で首相が暗殺され、共産圏に組み込まれた。そのため米国はガットの決定を得て、この国とのガット関係を一時停止していた。

ハンガリー、ルーマニア、ポーランドの共産圏三国は、ソ連の軍事力制圧下で共産主義をやむなく採用していた。これらの国が一九七〇年代にガットに加入したいと申請してきたとき、ガットは特別な事情を考慮して、これらの国を加入させた。加入後にこれらの国がガットにおいて計画経済を唱導したことはない。

ＷＴＯは経済制度の市場経済化を要求しているが、政治制度には介入していない。市場経済化は結局民主化のような政治改革を伴うが、政治改革を何時どの様に進めていくかは加盟国の判断に委ねている。市場経済化に伴う民主化のプロセスはどの政権にとっても危険を伴う。しかし、政治的自由がなければ、共産圏諸国がＷＴＯに加入して制度を改革しても、経済発展が成功するとは限らない。

二〇〇三年三月に中国は全人代（議会）の決定を経て新指導者に交代した。国家主席は江沢民氏（七六歳）から胡錦涛氏（六〇歳）に代わり、首相は朱鎔基氏（七四歳）から温家宝氏（六〇歳）に変わった。江沢民氏は中央軍事委員会議長として残った。その他にも指導者が多数変わったが、皆実務家であるといわれている。中国は相変わらず共産党一党独裁を続けているが、政治の内容は変わってきた。

北朝鮮（朝鮮社会主義人民共和国）は、その経済崩壊を免れるためには市場経済化を進め、貿易を拡大してＷＴＯに加入申請を受け付けてもらうしかない。それが北朝鮮にとって唯一の問題の平和的解決法である。それが実現するかどうかは、現在のところ指導者の意向次第である。北朝鮮が平和的体制改革を望むならば、それを近隣諸国が歓迎し、市場経済化を近隣諸国を含む国際社会が援助するであろう。

【参考文献】

賈宝波「中国のＷＴＯ加盟交渉の現状、課題及び今後の展望」（『貿易と関税』二〇〇〇年一月号）
馬成三「ＷＴＯ加盟と中国の外貨政策」（『貿易と関税』二〇〇〇年一月号）
中島峯雄「最近の中国・台湾問題について」（『貿易と関税』二〇〇〇年一〇月号）

馬成三「中国のWTO加盟と日中経済関係」(『貿易と関税』二〇〇〇年一〇月号)
賈宝波「中国大陸・台湾のWTO加盟と海峡両岸経済貿易関係の展望」(『貿易と関税』二〇〇一年七月号)
美野久司「中国の世界的生産基地化」(『貿易と関税』二〇〇一年一〇月号)
美野久司「WTO加盟後の日中経済と国際ビジネス」(『貿易と関税』二〇〇二年一月号)
山岡時生「中国のWTO加盟条件とWTO協定」(『貿易と関税』二〇〇二年三月号)
渡辺利夫「台頭する中国パワーと日中関係」(『貿易と関税』二〇〇二年五月号)

3　WTOへの加盟状況

二〇〇三年四月末現在WTOメンバーは一四六の国と領域で、その他に加入交渉中など将来加盟を予定している国が三十近くある。その中にはロシアなどの旧ソ連圏諸国、ヴェトナム、カンボジア、ラオス、サウジアラビアを含んでいる。その中でカンボジアは加入が近いと報じられている。

WTOメンバーは表3(八五頁)の通りである。読者に便利なように、地域別に分類してある。

先に述べたように、ガットとWTOは合意された貿易ルールを先進国に厳しく適用している。他方開発途上国がWTO加盟国の中に多くなっており、最も経済発展が遅れた後発開発途上国もその中に含まれている。そのため、WTOは開発途上国、とりわけ後発開発途上国の義務を緩和する措置をとった。

コラム　中国のWTO加入

WTO事務局法務部で「中国のWTO加入作業部会」を担当したガートラー上級参事官によると、中国のWTO加入の背景と加入条件の概要(英文)は以下の通りである。

一九四八年にガットが発足したとき、中国は最初から加盟国となった二三カ国の一つであった。しかし、一九四九年に中国で革命が起き、翌年に台湾政府は中国がガットから脱退すると通告した。中華人民共和国はこの脱退を認めず、加入条件を再交渉したいとして一九八六年七月にガットへ復帰を申請した。それから一五年たった二〇〇一年一二年一一日に同国はWTO加盟国となった。

同国の加入に要した年月はこれまで最も長かった。一九八七年三月に中国の復帰に関するガット作業部会が設置され、同年一〇月に第一回の会議が開催された。一九九五年にはWTOが発足し、この作業部会が中国加入のためのWTO作業部会となった。WTO作業部会は一八回会合を開いた。スイスのジラード大使が最初から作業部会の議長を務めた。

中国がWTOに加入するための条件は、次の二つに示されている。

(1)　市場アクセスに関する二国間交渉の結果をまとめた「物品貿易に関する譲許表」および「サービス貿易に関する約束表」

(2)　作業部会で行われた多角的交渉の結果をまとめた加入議定書とその付属書および作業部会報告書

中国のＷＴＯ加入は一連の出来事に影響されている。天安門事件までは交渉が著しく進捗したが、その後二年半近くは加入に関し活動が停止された。一九九九年四月に米国との二国間交渉が終わりかけていたが、翌月にはベオグラードの中国大使館が米国によって爆撃され、交渉は一一月になってやっと終了した。二〇〇〇年五月にＥＵとの交渉が終わり、その後中国加入のための二国間交渉が進捗した。しかし、米国のスパイ機が台湾海峡で衝突して不時着し、ブッシュ政権はミサイル防衛システムに熱中するなどの姿勢をとり続けた。

中国のＷＴＯ加入を遅らせた理由の一つは、米国が条件付最恵国待遇の対中国供与を毎年更新していたのを止め、中国に無条件最恵国待遇を恒常的に供与しなければならなかったからである。

最後に終了した二国間交渉はメキシコと行われ、ＷＴＯ違反といわれる数百の中国品に対するダンピング命令を中国加入六年以内に撤回することが合意された。また、エルサルバドルは台湾を承認し、中華人民共和国を承認していなかった。この国はガット第三五条に似たＷＴＯ設立協定の規定により、中華人民共和国にＷＴＯ規定を適用しなかった。

多角的交渉の結果次のことが合意された。

(1)　補助金とダンピングを決定する際の価格比較可能性に関する一五年間の特別経過措置、

(2)　物品を特定した経過的セーフガードおよび繊維品に関する別の経過的セーフガード措置

(3)　ＴＲＩＰＳ協定の即時実施、
(4)　サービス貿易におけるさまざまな技術的・分野別問題、
(5)　議定書に示された諸条件の履行を監視するための経過的な検討機関の設置。

中国は穀物、煙草、燃料および鉱物のような物品について排他的な国家貿易を行い、中国内の輸送と分配に制限を維持する権利を留保したが、外国の会社が中国で現在直面している制限の大部分は三年の経過期間中になくなるであろう。

中国のＷＴＯ加入後一二年間は、中国産物資の輸入が国内生産者にとって市場撹乱を起しまたは起す恐れがある場合、ＷＴＯ加盟国は経過的セーフガード措置(Transitional Safeguard Mechanism)を使えることになった。

中国が補助金などについて開発途上国として扱われるかが問題となったが、中国は農業の国内支持(農業補助金)を先進国と途上国との中間の八・五％以内とすることに合意した。また、技術的な規則と規格の適用で内国民待遇を確保するために、中国は検査と適合性評価手続のための行政機構をＡＱＳＩＱの下で統合することを約束した。

国家貿易品目を除けば、外国の会社が三年以内に中国で自由に貿易権を得ることができる。

表３　ＷＴＯ加盟国（メンバー＝ＷＴＯに加盟する国と領域）

2003年4月末現在 146

アジア(19)	日本、中華人民共和国、香港、マカオ、台湾、大韓民国、モンゴル、ブルネイ、インドネシア、マレィシァ、ミャンマー、フィリピン、シンガポール、タイ、バングラデシュ、インド、パキスタン、スリ・ランカ、モルディブ。
大洋州(5)	オーストラリア、ソロモン、ニュー・ジーランド、パプア・ニューギニア、フィージー。
北米(3)	アメリカ合衆国、カナダ、メキシコ。
中南米(31)	アルゼンティン、アンティグア・バーブーダ、ヴェネズエラ、ウルグアイ、エクアドル、エルサルバドル、ガイアナ、キューバ、グァテマラ、グラナダ、コスタ・リカ、コロンビア、ジャマイカ、スリナム、セント・ヴィンセント、セント・クリストファー・ネイヴィーズ、セント・ルシア、チリ、ドミニカ、ドミニカ共和国、トリニダッド・トバゴ、ニカラグァ、ハイティ、パナマ、パラグァイ、バルバドス、ブラジル、ベリーズ、ペルー、ボリヴィア、ホンデュラス。
ＥＵ (ＥＵ＋15)	ＥＵ、アイルランド、イタリア、オーストリア、オランダ、ギリシャ、スウェーデン、スペイン、デンマーク、ドイツ、フィンランド、フランス、ベルギー、ポルトガル、ルクセンブルグ、連合王国(イギリス)
ＥＵ加入予定国(10)	チェッコ、ハンガリー、ポーランド、スロヴァキア、エストニア、ラトヴィア、リトアニア、キプロス、マルタ。
欧州のその他(14)	アイスランド、アルバニア、アルメニア、キルギス、グルジア、クロアチア、スイス、トルコ、ノルウェー、ブルガリア、モルドヴァ、リヒテンシュタイン、ルーマニア、マケドニア(旧ユーゴスラヴィア共和国)。
中近東(7)	アラブ首長国連邦、イスラエル、カタール、クウェイト、バハレーン、ジョルダン、オマーン。
アフリカ(41)	アンゴラ、ウガンダ、エジプト、ガーナ、ガボン、カメルーン、ガンビア、ギニア、ギニア・ビサオ、ケニア、コンゴー共和国、コンゴー民主共和国、ザンビア、シェラ・レオーネ、ジブティ、ジンバブエ、スワジランド、セネガル、象牙海岸共和国、タンザニア、チャード、中央アフリカ、テュニジア、トーゴー、ナイジェリア、ナミビア、ニジェール、ブルキナ・ファソ、ブルンディ、ベナン、ボツワナ、マダガスカル、マラウィ、マリ、南アフリカ共和国、モーリシァス、モーリタニア、モザンビーク、モロッコ、ルワンダ、レソト。

第４章　経済統合とＦＴＡ

1　経済統合についてのガットとＷＴＯの国際ルール

(1) 関税同盟と自由貿易地域(ＦＴＡ)を認めたガット第二四条

ガット第二四条は物品の経済統合に関する規定で、経済統合の形として関税同盟(customs union)と自由貿易地域(free-trade area)の二種類を最恵国待遇の例外として認めている。この両者共、経済統合を「十年以内に完成させ」、「実質的にすべての産品の自由化を域内で達成する」という二つの条件を満たすことを求めている。

両者の相違点は、関税同盟の場合は参加国が「共通の関税率表」をもち、自由貿易地域の場合は参加国各自がそれぞれ「異なった関税率表」をもっていることである。関税同盟の方が関税などの対外貿易政策を共通化しているので、自由貿易地域より経済統合の段階が高い。両者の共通点は、域内の貿易を自由化することである。

ＦＴＡはfree-trade areaではなく、free-trade agreementを意味することがある。「ＦＴＡを締結する」という表現は、ガットで認められた自由貿易地域に関する協定を締結することを意味する。

ＥＵ(欧州連合)とＮＡＦＴＡ(北米自由貿易地域)は先進国間の経済統合であるとされ、ガット第二四条の適用を受けてきた。そのため上記の条件を課されている。先進国と開発途上国の双方が参加するＦＴ

Ａがこれから増えるとみられる。このようなＦＴＡに参加する先進国は、ガット第二四条の規定に従い、上記の条件を満たさなければならない。

ガット第二四条ができたのは、ベルギー、オランダ、ルクセンブルグという欧州の三小国（ベネルックス三国）が市場を統合して拡大することを望んだからであった。市場が大きくなれば規模の利益を生かせることができる。また、市場が大きくなると、競争力を伸ばせる企業にとって有利となる。

近年における交通や通信の急速な発達は、世界経済のグローバル化を推進させると同時に、身近の市場の拡大を推進してきた。多角的貿易交渉が世界経済のグローバル化を進捗させた面があるが、ＷＴＯ加盟国間で関税と非関税貿易障害が容易に無くならない現状では、身近の市場を拡大し、域内でまず市場開放を進める必要がある。世界で経済統合が進捗しているのはそのためであろう。

大部分の経済統合が地域的な経済統合であるが、ガット第二四条は、経済統合が地域で行われることを要求していない。遠く離れた国々が経済を統合することが認められている。その例として、古くは米国とイスラエルの間のＦＴＡがあり、最近ではメキシコとＥＵが締結したＦＴＡおよびシンガポールと米国が締結したＦＴＡがある。

「サービス貿易に関する一般協定」（略称、ガッツ）は、第五条が経済統合について規定している。

(2)「授権条項」の適用を受ける開発途上国間の経済統合

開発途上国間の経済統合は、東京ラウンドで採択され一九七九年に発効した通称「授権条項」の適用を受けている。「授権条項」は、ガット第二四条に定められた条件を開発途上国に課していない。開発途上国の間で経済を統合することが難しいためである。

現在、開発途上国間の経済統合が数多くあるが、交通網が発達していなかったり、同様の商品を生産していたりして、経済統合の効果はあまり上がっていない。工業国の間では工業の水平分業(産業内貿易)のために経済統合の効果が上がっているが、開発途上国の間では、同様な生産品が競合している場合が多い。

近隣諸国がＦＴＡを締結して、相互の友好関係を推進するのを歓迎したい。ただし、開発途上国がＦＴＡを締結しても、徐々にしか域内の貿易自由化を進行させられないのが普通であった。

「アセアン自由貿易地域」(略称、ＡＦＴＡ)はアセアン諸国が作ったＦＴＡで、それには授権条項が適用されている。アセアンは当初インドネシア、フィリピン、マレーシア、シンガポール、タイの五カ国で作られたが、その後ブルネイ、ヴェトナム、カンボジア、ラオス、ミャンマーが加入し、現在十カ国で構成されている。

アセアンは、国民一人当たりの平均所得水準が日本と同様なシンガポールから、ミャンマー、カンボジア、ラオスのような後発開発途上国に至るまで、経済発展段階が著しく異なった国々を加盟国としている。また、加盟十カ国の政治・社会制度も多様である。二〇一〇年までの域内貿易自由化を目標として掲げてはいるが、目標の達成は容易でない。

「メルコシュール」(MERCOSUR)はアルゼンチン、ブラジル、パラグァイおよびウルグァイの南米四カ国が作った経済統合である。関税同盟であると称しているが、開発途上国で構成されているので授権条項の適用を受けている。

2　関税同盟として発足したＥＵ

現存する関税同盟は、先進国の中では、欧州連合(ＥＵ)があるのみである。まず、欧州六カ国(ドイツ、フランス、イタリアおよびベネルックス三国)が関税同盟を締結し、ＥＥＣとして発足した。

これらの国は第二次世界大戦の結果、海外植民地を失い、近隣の欧州諸国が貿易相手国として重要となってきた。また、欧州六カ国は宗教や政治・経済制度を共有しており、交通網が発達していた。その後、ギリシャ、イギリス、アイルランド、オーストリア、スペイン、ポルトガル、デンマーク、フィンランド、スウェーデンが加入し、ＥＥＣは一五カ国に加盟国を増やし、ＥＣ(欧州共同体)となり、今ではＥＵとなった。しかし、ＥＵがＥＣと今でも呼ばれることがある。

共産圏に属していた八カ国、即ちチェコ、ハンガリー、ポーランド、スロヴァキア、スロヴェニアおよびエストニア、ラトヴィア、リトアニア(バルト海三国)に、地中海にあるキプロス(ギリシャ系)およびマルタを加えた計一〇カ国が二〇〇四年五月にＥＵに加入することが予定されている。それが実現すると、ＥＵは二五の欧州諸国で構成されることになる。拡大後のＥＵは人口四億五千万人を擁する巨大市場となる。

ＥＵの拡大はＷＴＯのラウンド交渉に大きな影響を与えるであろう。新規加盟国はポーランドのような農業国を多く含んでおり、特に農業交渉について影響があると思われる。

さらにトルコが、二〇〇四年一二月に予定されるＥＵ首脳会議で加入条件を満たしていると判断されると、遅滞なく加入交渉に入ることが決定された。トルコがＥＵに加入すれば、回教国が初めてＥＵに加入することになる。ブルガリアとルーマニアは二〇〇七年の加入を目標にＥＵ加入交渉を続けている。スイスおよびノルウェーは、国民投票でＥＵ加入を拒否したが、ＥＵとはそれぞれ工業品などについてＦＴＡを締結しており、いずれＥＵの一部になるであろうと考えられている。

ＥＵは関税率表のみならず他の貿易政策を共通化しているので、ガットとＷＴＯにおいて一国のように交渉してきた。ＥＵは貿易政策のみならず、貿易以外の種々の政策―例えば通貨、競争、外交および防衛政策―も共通化している。紆余曲折があっても、将来は政治的にも統合して、欧州合衆国になるであろう。

二〇〇三年四月現在、ＥＵ一五カ国のうち一二カ国が通貨同盟を形成してユーロ(Euro)と呼ばれる共通通貨を使っている。

二〇〇二年八月に欧州委員会（ＥＵの行政機構）は自動車に関する新適用除外規則を発表した。自動車の販売については、選択的と排他的の両方の流通方法を選択することができず、どちらかを選択しなければならない。この規則はＥＵ域内における販売者の競争を活発にして市場統一を促すことを意図している。販売者がサービスもしなければならないという義務を排除し、消費者が他の加盟国で購入した自動車のサービスなどを自国で受けることができる。ディーラーの製造者からの独立性を強めるこの措置は、日本からの自動車輸出のみならず、世界の自動車生産体制に影響を与えるであろう。

3　ＦＴＡの現状と新たなＦＴＡ締結のための交渉の増加

現存する自由貿易地域（ＦＴＡ）の数は多いが、注目されるのはカナダ、米国およびメキシコの三国が作った北米自由貿易地域（ＮＡＦＴＡ）の動向である。ＮＡＦＴＡが将来チリをはじめとする南米諸国を加えて拡大し、米州自由貿易地域（ＦＴＡＡ）となる構想がある。また、ＮＡＦＴＡの一国であるメキシコがＥＵなどと独自のＦＴＡを形成している。日本もメキシコが北米とＥＵに比べ日本を差別するのを避けるため、二〇〇三年にメキシコとＦＴＡの締結を交渉している。

米国は当初欧州における経済統合に批判的であった。特に、ＥＥＣの共通農業政策およびＥＥＣがＡ

ＣＰ諸国（アフリカ、カリブ海および太平洋にある七六の経済的弱小国、ロメ協定、今は、コトヌ協定をＥＵと締結）や北アフリカの旧植民地に一方的に与えていた特恵関税について批判していた。しかしその後、米国はＥＥＣの複雑な経済統合を批判することを控え、多角的交渉であれ、地域統合であれ、二国間交渉であれ、自国の国益のためになることは何でもするという重層的貿易政策に転換した。一因として、ＷＴＯの加盟国が増えて多角的貿易交渉が難しくなり、妥結が困難になっているという事情がある。

そこで米国は、ＷＴＯが認めており、結果を出しやすいＦＴＡを今では推進している。また、ＡＣＰ諸国に対するＥＥＣの関税特恵にならって、カリブ海にある小国群に特別の関税特恵を与えた。近年においてはヨルダンおよびシンガポールとＦＴＡを締結し、大統領に与えられた貿易交渉権限（第６章１参照）を使ってモロッコ、オーストラリア、バハレーン、南アフリカ、中米、アセアンなどとＦＴＡを締結しようとしている。

ブッシュ政権はＦＴＡを政治的に利用している。例えば、ホルモン肉をめぐるＥＵとの紛争でエジプトがＥＵに加担したため、米国はエジプトとはＦＴＡを締結しないと決定した。

メキシコは、前述したようにＮＡＦＴＡの一員として米国およびカナダとＦＴＡを締結している。他方、ＥＵともＦＴＡを締結して日本企業を不利な立場に置いてきた。そこで日本は差別待遇を解消するためメキシコとＦＴＡ協定を締結する交渉を進めている。

シンガポールは、日本のほかに、ニュージランド、オーストラリア、欧州自由貿易地域（ＥＦＴＡ）および米国とＦＴＡを締結している。また、メキシコ、カナダ、韓国およびインドとＦＴＡ締結を交渉中である。同国は昔から中継貿易を行っており、農業生産が少なく、関税はビールと焼酎四品目に課されているだけである。

４　経済統合の功罪と貿易ブロック化の恐れ

地域的な経済統合には、貿易待遇において域外国を差別するという好ましくない面と、ＷＴＯで多角的に合意できなかったことを先行して地域内で合意するという多角的貿易自由化を補完する好ましい面とがある。

好ましくない面の例としては、第二次世界大戦前においては英国などが各々の植民地を取り囲んで特恵関税による貿易ブロック化を行い、輸入先によって異なった関税率を適用する差別待遇を行っていた。したがって、域内産業の保護を目的として経済統合を進めるのは、ガットとＷＴＯの目的に反する。ガットを発足させるため、既成の特恵関税の存続がガットの最恵国待遇の例外として許されたが、その拡大は許されなかった。このような差別待遇は、開発途上国一般のための特恵関税に吸収され、ガット体制の下で徐々に少なくなっていった。

ＥＥＣが発足したとき、工業品を六カ国に拡大した市場で自由に無関税販売できる代わりに、ＥＥＣ

が農産品の生産と輸出を保護することがＥＥＣ加盟国間（主に独仏間）で了解された。そのためＥＥＣが共通農業政策（ＣＡＰ）を採択した。このようにしてＥＥＣの農産品市場がブロック化し、ガットで農産品の貿易自由化が長期間進まなかった。

また、ＥＵ、米国、日本のように異なった地域にある貿易大国の間で経済統合が進めば、多角的貿易自由化が無意味となって、ＷＴＯが尊重されなくなる。もしこのようなことが起れば、世界中に悪影響を及ぼすことになる。日本は、多角的貿易自由化を妨げるような経済統合を促進してはならない。

5　日本のＦＴＡ政策とＦＴＡ締結を推進する理由

最近ではアジアの国々が発展して日本との経済格差を縮め、対日警戒心を和らげてきた。また、世界経済のグローバル化は東アジア地域内にある国々の相互依存関係を深め、相互の緊密な経済協力が好ましい結果をもたらすとの認識が浸透してきた。

日本は長年多角的貿易交渉を重視してＦＴＡ協定の締結に関心を示さなかった。しかし、近年はＦＴＡ交渉を重視するようになってきた。このような事情の変化を背景として、日本、中国、韓国の東アジア三国およびアセアン諸国の間でＦＴＡ締結のための調査や交渉が活発化している。

二〇〇二年初頭には日本がシンガポールと新時代経済連携協定を締結し、この協定は同年一一月に発効した。同じ頃、中国はアセアンと枠組協定を締結し、一〇年以内にアセアンとＦＴＡを締結しようとしている。中国はアセアン諸国からの農産物輸入に魅力的な提案を行い、メコン河流域の開発を提唱した。中国の指導者は、広い国益を考えてタイムリーに外国に対して提案できるが、日本は集団主義体制の下で政策を決定しているため、新しい提案ができ難く、できたとしてもそれに時間がかかるという弱点を抱えている。

日本、韓国、シンガポール、ブルネイ以外のアジア諸国では農業が過半数の雇用を占めており、農業貿易の自由化が問題とされている。「実質的にすべての品目の域内貿易自由化」を求めているガット第二四条の規定からみると、どこまで農産品の関税を下げられるか或いはどこまで農産品をＦＴＡでの域内関税引下げの対象とすることができるかに、日本が多くのアジア諸国とＦＴＡを締結することができるかの成否がかかっている。

ＥＥＣが発足したとき、当時ＥＥＣに入れなかった多くの欧州諸国が欧州自由貿易地域(ＥＦＴＡ)を作り、域内の貿易自由化から「生鮮農産品」を除外した。貿易の五％か一〇％程度の除外であれば、ＦＴＡの締結ができるであろうとされているが、現在明確な指針があるわけではない。現行ラウンド交渉ではこのようなガット第二四条の解釈が問題点の一つとされている。

日本はウルグアイ・ラウンドの農業交渉と熱帯産品交渉でアセアンなどのアジア諸国から不評を招いた(第6章3参照)。日本がアジア諸国とＦＴＡ交渉をする際に日本は負の遺産を背負っている。

ウルグアイ・ラウンド交渉では、先進国が資本の移動を自由化するなら、開発途上国で豊富な労働力の移動を同様に自由化することが求められた。日本は開発途上国における投資の安全を望み、多角的投資協定をＷＴＯで締結することを求めている。他方、アセアン諸国、特にフィリピンなどは日本に老人看護などのための看護者を送り込むことを求めている。

サービス貿易一般協定に「自然人の移動」に関する附則があるが、現在マネージャーや技術者の移動に適用され、看護者などには適用されていない。日本がアジアの開発途上国に投資協定の受諾を求めるならば、自然人の一時的移動や資格の相互承認などに関してある程度譲歩することを求められよう(第6章5参照)。

日本のＦＴＡ締結に関して次のようなことが言えよう。

(1)　ＦＴＡを作るための調査と交渉およびＦＴＡの締結自体が、関係国間の友好と相互依存関係を促進させる。関係国が経済発展を目標とし、所得水準を上げているときにＦＴＡを締結しやすい。

(2)　ＦＴＡを締結することはＷＴＯで認められており、域内における貿易自由化がＷＴＯの多角的貿易自由化に先行し、それを補完する。

(3)　サービス貿易に関する事項、ＷＴＯで取り扱っていない事項、貿易以外の事項などをＦＴＡに加えることができる。また、その目的は、地域の経済を活性化させることにある。

(4)　ＦＴＡの締結は、域外諸国を差別するブロック化の危険を伴っている。ＷＴＯ体制とＷＴＯの多角的貿易自由化を阻害する恐れがある場合は避けた方がよい。

(5)　ＦＴＡを締結できるかどうかは、農産品の関税引下げについて日本が何をできるかに依存している場合がある。

(6)　日本は国際交渉体制を改革しなければ、多くのＦＴＡを締結することができない（第1章2参照）。

【参考文献】

畠山襄「地域経済統合時代と日本」（『貿易と関税』一九九七年一月号）
田中厚彦「ＷＴＯのグローバリズムの下でのＡＦＴＡの動向」（『貿易と関税』一九九七年七月号）
青山繁俊「ＡＰＥＣオークランド会議について」（『貿易と関税』二〇〇〇年一月号）
尾池厚之・国松麻季「自由貿易協定の効用と問題点」（『貿易と関税』二〇〇〇年五月号）
経団連「自由貿易協定の積極的な推進を望む」（『貿易と関税』二〇〇〇年八月号）
川瀬剛志「地域経済統合における自由貿易と地球環境保護の法的調整」（『貿易と関税』二〇〇〇年一〇、一二月号、二〇〇一年一月号）
藤原豊司「見えてきた欧州統合の最終形態」（『貿易と関税』二〇〇一年一～八月号）

古川栄一「東アジア自由貿易圏の形成に向けて」（『貿易と関税』二〇〇一年三月号）
間宮勇「ＦＴＡ（歴史と世界の現状）」（『貿易と関税』二〇〇三年三月号）
平　覚「ＥＵ」（『貿易と関税』二〇〇一年一一月号）
日本とシンガポール、韓国、メキシコとの自由貿易地域の形成については朝倉弘教・松村敦子の両氏が『貿易と関税』に度々寄稿。
浦田秀次郎編著『ＦＴＡガイドブック』（日本貿易振興会、二〇〇三年刊）（ＡＦＴＡについては吉野文雄が寄稿）
"The Economics of Regional Trading Arrangements" by Richard Pomfret, published by Oxford University Press in 1997.

コラム　日本とシンガポールの間のＦＴＡ協定

日本とシンガポールとの間のＦＴＡの正式名称は、「日本・シンガポール新時代経済連携協定―ＪＥＳＰＡ」である。ＩＴ革命やグローバル化が進む新時代においては、物だけでなく、サービス、資本、人材、情報が国境を越えて活発に移動する。これらの移動を促進し国内経済を活性化するため、関税や輸入制限のような水際規制の撤廃に止まらず、経済活動全般に関係する国内制度の自由化や海外制度との調和を推進することをこの協定は意図している。つまり、この協定は日本国内で経済構造改革を進めていることと関連しており、日本最初のＦＴＡのモデルケースとなっている。

日本のシンガポールからの輸入については、石油化学品、石油製品、繊維等を無税にして鉱工業品の無税品目の割合を九八％に上げ、一部の農林水産品無税品目について無税の継続を約束した。シンガポールは、ビール等酒類四品目を除いてすでに無税で輸入しているが、この四品目の日本からの輸入については無税にすることとなった。また、原産地規則について合意した。

貿易の円滑化に向けては、ペーパーレス貿易に関する活動に従事する民間団体間の協力を奨励した。電気製品・電気通信機器について、輸出に当たり必要な検査手続を国内で行うことが可能となり、コストと時間の軽減が期待される。さらに首脳間共同声明では、医薬品優良製造所基準（ＧＭＰ）について情報交換等の協力活動を実施していくことについて確認した。

サービス貿易の自由化については、相互に追加的自由化を約束した。全体で一五五の分野の中、日本が自由化したのは、実務(研究開発、製造業付随サービス、警備業等)、流通、金融(年金運用、自賠責保険の再保険)、医療・社会事業、運輸(国際海上運送、道路運送、貨物輸送代理店)などである。シンガポールが自由化したのは、実務(研究開発、リース)電気通信、流通、教育、環境、金融(保険・銀行)、運輸(国際海上通運、道路運送、貨物運送代理店)などである。

投資については、投資家および投資財産の保護、投資にかかる内国民待遇の供与、投資家対国の紛争解決手続き等を規定した。

知的財産については、両国で特許出願した人が日本出願の審査結果をシンガポールの知的財産庁に提出すれば安価な料金で特許を取得することが可能になった。

その他、自然人の移動、税関手続、政府調達、競争政策について合意した。

(出所：経済産業省が作成した資料)

第5章　開発途上国

1　どの国が開発途上国か

開発途上国(less-developed countries または developing countries)とはどの国を指すかに関心を持っている人が多い。しかし、国際社会は開発途上国(以下途上国と略称)についての定義を避けている。現在は自己申告の原則(self-election principle)に従って、自国が途上国であると考える国がそう主張しているに過ぎない。ただし、自己主張するのは自由であるが、他国がそれを認めるかどうかも自由であると考えられている。例えば「途上国一般特恵関税制度—GSP」の下で各先進国が最恵国関税率より低い特恵関税率を途上国に適用しているが、適用の対象となる途上国の範囲は先進国毎に若干異っている。

韓国は農業協定の途上国条項を適用するため「自国は途上国である」とWTOにおいて主張している。他方、韓国は国際収支上の困難がなくなったと判定されてガット第一一条国となっており、先進国の貿易・経済機関であるOECDにも加入している。シンガポールは日本同様の所得水準を達成しているが、イスラエル同様周りの国々と異なった身分になると種々の困難が生ずるので、自国が途上国であると主張している。

他方、欧州にあるスペイン、ポルトガル、ギリシャは所得水準が低く、途上国と称していた。しかし、先進国間の関税同盟であるECに入るために、自国は先進国であるとガットに通告してきた。また、メキシコも途上国と称していたが、先進国間のＦＴＡである北米自由貿易協定（ＮＡＦＴＡ）に参加するときに、自国が先進国であるとガットに通告した。

ソ連は次のように主張していた。「欧州にある共産圏諸国は、欧州という恵まれた地域にあって共産主義という優れた制度を採用している。そのような国は先進国であって、途上国ではない」。そのため、欧州にある共産圏諸国はすべて先進国として取扱われていた。しかし、ルーマニアがコメコンによる旧ソ連圏諸国間の産業配分に不満で、自国は途上国であると主張した。そのためルーマニアは「途上国一般特恵関税―ＧＳＰ」の適用を受けることになった。

ブルガリアはソ連の意向に忠実に従っていたが、所得水準はルーマニアより低かった。そこで自国より所得水準が低い国にのみ自国のＧＳＰを適用した。他方、自国より所得水準が高い国に対してはＧＳＰを自国に適用するよう求めた。

ＷＴＯに加入を申請する際に、台湾は自ら先進地域であると通告したが、中国は途上国であると通告した。中国は人口が多く経済成長率も高い。途上国として取扱われることもあるが、世界経済に対する影響が大きいため、ＷＴＯで先進国同様に取扱われることもある。

このように国際社会ではどの国が途上国であるかについて一般的に合意しているわけではない。何かの都合で所得水準が比較的高い国が途上国であると主張し、所得水準が比較的低い国が先進国であると主張している。しかし、いずれにしろ国の身分が問題になるのは、先進国と途上国との境界にある国々が多い。

2　その中で後発途上国とはどれか

途上国の中で特に発展段階が低い約五〇カ国は、国連によって後発途上国(the least-developed developing countries)に指定されていて、ＷＴＯもそれに従っている。どの国が後発途上国であるかは、国連が幾つかの客観的指標を適用し、その結果を発表しているので明瞭である。これは一般の途上国がどの国かについて明瞭にされていないのと対照的である。

国連がミャンマー(旧ビルマ)を後発途上国に指定したとき、「隣のタイ国に劣らず資源が豊かなのに、自国が後発途上国と指定されたのは政治が悪いからだ」と考えた学生が騒いだ。ミャンマーは長年軍事政権の下にあって、それを内外から批判されている。

後発途上国の中には、国土の多くが砂漠化のために生産性が悪かったり、内陸部にあって貿易が難しかったり、島国で国家の規模が小さいなどの悪条件を抱えているため貧しい国がある。他方、内戦があったり政治が悪いため、発展段階が低い国もある。後発途上国は一般的に国内制度が近代化されておらず、物の生産・流通体制に問題がある。

スウェーデンなどの先進国は後発途上国に対する貿易待遇の改善を問題にすることが多い。しかし、

WTOとしてできることは、市場アクセスの改善などに限られていて、その国富に対する影響はあまり大きくない。

後発途上国は、アジアではバングラデシュ、カンボジア、ラオス、ミャンマー、アフガニスタンなどがあるが、アフリカではタンザニアをはじめとして、アフリカ諸国の大きな部分を占めている。太平洋にある後発途上国は、小さな島国が多い。

3　開発途上国に認められた特別待遇

WTOの規定は先進国には厳しく適用されているが、途上国にはWTO規定上の義務を軽減したり、義務の実施を遅延させたりしている。最近の途上国に対する特別待遇は、義務を軽減させるより、義務の実施を遅延させることが多い。

一九五〇年代から七〇年代にかけて多くの植民地が独立し、過去の植民地支配に責任がある先進国に貿易上の特別待遇を要求した。一九五五年に途上国に関するガット第一八条が改正され、途上国のガット上の義務がさらに緩和された。また、一九五八年にはガットに第三委員会(後の貿易開発委員会)が設置され、途上国問題を審議することになった。一九六二年には熱帯産品グループが設置され、熱帯産品(途上国の農林産品)の貿易自由化が問題になった。一九六六年にはガットに「貿易と開発」に関する第四章が追加され、先進国が途上国産品について輸入制限を撤廃したり関税を引き下げることが要求された。ただし、何回か改訂された繊維協定（ＭＦＡ）の下で綿製品を初めとする繊維品（衣料品を含む）がガットの無差別待遇原則の例外とされ、欧米諸国が途上国からの繊維品輸入に制限を課した。そのため途上国からの繊維品輸出の増大が抑えられ、ガット交渉において他の品目の貿易自由化が進められた。日本は繊維品を多く輸出していた。次第に繊維品の輸入国になったが、繊維協定が認める途上国の繊維品に対する差別的輸入制限を行わなかった。

途上国はガットが先進国主導であるとの不満を国連で表明し、一九六四年にジュネーブに「国連貿易開発会議―ＵＮＣＴＡＤ」が設立された。一九六八年のＵＮＣＴＡＤ会議で「途上国一般特恵関税―ＧＳＰ」の導入が合意された。ＵＮＣＴＡＤは長期間、ガットに代わろうとしてガット攻撃に熱心であったが、結局それに成功しなかった。今ではＷＴＯ交渉において途上国を支援する研究・調査を行っている。

度重なるガット関税交渉の結果、先進国の譲許関税率が引き下げられ、譲許関税率と途上国一般特恵税率との差（特恵マージン）が縮小した。自国が輸出する産品について、ＧＳＰ税率が引下がるよりも、ガット交渉で譲許関税率が引下げられることを望んだ途上国が多い。譲許関税率は国際的な約束により安定しているが、ＧＳＰは先進国の好意で途上国に提供されているので、途上国産品に競争力がつけばいつでもそれを撤回できるからである。しかし、ＵＮＣＴＡＤはＧＳＰを異常に重視し、ガット交渉の結果は途上国にマイナスになるという評価を発表した。この評価は途上国の交渉者からみて明らかに誤っていて、それを信じた者は限られていたと思われる。

ガットにおける途上国特別待遇の改善は、東京ラウンド貿易交渉のときに最高潮に達した。その内容は、一九七九年に採択された「異なりかつ一層有利な待遇ならびに相互主義および開発途上国のより十分な参加にかかる決定」に具体的に示されている。この決定は、短く「授権条項」(the Enabling Clause)とも呼ばれている。

一九八〇年代になると先進国経済が低成長時代に入り、途上国の間でも成長格差が顕著になった。アジアの新興工業国(NIES)やメキシコの経済成長率が高くなったが、アフリカ、南アジアおよび南米にある多くの途上国の経済が停滞した。それを反映してウルグアイ・ラウンド貿易交渉では、新興工業国と東欧諸国にも応分の貿易自由化が求められた。

他方、GSPの受益国リストから新興工業国が除外されるのはけしからんとして、いわゆる「卒業問題」を、アジアの新興工業国シンガポールがUNCTADで提起した。まずガットで同じことを提起しようとしたが、シンガポールの所得水準が高くなっていたので、ガットはそれを受理しなかった。

また、先進国の多くは、新興工業国が途上国の地位にいつまでも執着していたので、後発途上国に対しては貿易待遇を改善するが、一般の途上国に対する貿易待遇を改善しなかった。例えば、ウルグアイ・ラウンド貿易交渉で、後発途上国はWTO上の義務の実施を一般の途上国より延期されているが、一般の途上国に対する先進国の貿易待遇は以後あまり改善されていない。つまり、旧植民地として途上国の地位にこだわった新興工業国は他の途上国に損害を与えている。

4　開発途上国からみたWTO

未加盟の開発途上国と共産圏諸国にとってWTOへの加入が特に必要とされている。そのためWTO加盟国と加入交渉中の国の数が次第に増加してきた。WTOへの加入が必要とされる理由は多い。特定の途上国や途上国の人達のWTO評価をここで述べることはできないが、著者の経験から見て、WTOは途上国にとって次のようなものであると考えられる。

(1)　東西冷戦が放棄され、市場経済が計画経済より能率的であることが明らかとなった。将来の貿易・経済の発展のためにはWTOへの加入が不可欠である。

(2)　WTOは貿易について国際ルールを作成したり、改訂したりしており、それに代わる二国間貿易協定を多数締結することは事実上不可能である。WTO未加盟国にWTOへの加入が勧められているのは、WTOで国際ルールを作れば、ほぼ世界中で適用されるからである。

(3)　WTOに加入しなくては、グローバル化の進展など世界の貿易・経済社会の進展と実状がよく分からない。

(4)　ガットとＷＴＯでの貿易自由化交渉でＥＵ、米国、日本のような大貿易国が行った貿易交渉の果実を、最恵国待遇のお陰で、全加盟国が享受できる。

(5)　途上国と計画経済からの移行国がＷＴＯ上の義務を履行するためには、実施の遅延などの特別待遇が許されており、実施について先進国と国際機関の協力が得られることがある。

(6)　ＷＴＯでは世界貿易の大半を占めている先進国が主導的であり、ＴＲＩＰＳ協定、ＴＢＴ協定、ＳＰＳ協定などの技術的金銭的問題を多く含んだ協定の履行が途上国の多くにとって困難である。先進国はＷＴＯ協定の途上国による実施を援助することになっているが、それをしっかり行ってほしい。

(7)　ＷＴＯにおける交渉は、途上国にとって困難な場合がある。途上国にとって公平・中立的な交渉を行う配慮が先進国に求められる。

コーヒー、ココアなどの商品協定による商品価格維持政策が今では放棄されている。この政策を国連が新経済秩序を作るものだと一時声だかに叫び、日本とＥＥＣが強くそれを支持した。この政策が放棄された理由はいろいろあるが、主として市場経済の価格調節機能に反する輸入割当やバッファー・ストックなどの価格維持政策が成功しなかったためである。

それが賞揚された時期に、ＥＥＣが域内で生産された農産品の価格支持政策を採用し、日本も農産品の保護を強く行っていた。ＥＥＣと日本は、自国の農業政策を守るために、国際的な商品協定を支持していたと考えられる。農産品の貿易自由化が進められている現在、商品協定による価格維持政策はもはや求められていない。農産品などの一次産品価格の低迷に対する対策は、需給関係の変化にすみやかに対応するといった市場経済の枠内でできることに限られてきた。

【参考文献】

柳赫秀「ＷＴＯと途上国、途上国の体制内化の経緯と意義」（『貿易と関税』二〇〇〇年七、九月号）
大竹宏枝「ガット・ＷＴＯ体制下での一般特恵制度」（『貿易と関税』二〇〇〇年一二月号および二〇〇一年一、二月号）
清水乾治「繊維に関する世界貿易の仕組み」（『貿易と関税』二〇〇二年八月号）
ロバート・Ｅ・ヒューデック著、小森光夫編訳『ガットと途上国』（大学図書、一九九二年刊）
“Developing Countries in the WTO” by Constantine Michalopoulos, published by Palgave in 2001

第6章　WTOの関係協定と多角的貿易交渉

1 多角的貿易交渉の歴史

(1) 日本の経済発展とガット交渉

第二次世界大戦後日本経済は著しく発展した。その契機となったのは、池田勇人前首相が提唱した所得倍増計画であった。この計画の成功には、日本が一九六四年にOECDに加入し、輸入制限の撤廃を大幅に実行したことが大きく貢献した。

この輸入制限撤廃と並行して、ガット主催の多角的貿易交渉において日本が度々関税引下げを行った。関税引下げは鉱工業品を主にして行われ、日本からの工業品輸出に貢献した。しかし、ウルグアイ・ラウンド交渉以前には、多くの農産品がガットの関税引下げから除外された。

その後、日本の貿易が黒字になって円高基調が長年続き、輸出企業の多くがそれに苦しんだ。市場を維持するために生産合理化に努力すると、円高が進行してさらに合理化を進めなければならなかった。日本が当時貿易自由化の利益と影響について理解し、自国の貿易自由化を十分行ったかどうか疑わしい。ガットとWTOでは、貿易自由化から利益を得て輸出を伸張させた国は、それに伴って自国の市場を開放することが期待されている。

(2) 米国の貿易交渉権とガットの関税・貿易交渉

欧州諸国に遅れて工業化した米国は長年の間保護貿易主義をとり、貿易交渉権が議会に属していた。戦後も米国では議会が貿易交渉権を持っており、ガットの関税・貿易交渉は、米国で議会が大統領に貿易交渉権を与える度毎に行われてきた。そのためガット主催の貿易交渉の幾つかに米国の大統領または国務長官の名がつけられた。ガット第五回の交渉がディロン・ラウンドと呼ばれ、第六回の交渉はケネディー・ラウンド呼ばれた。

米国大統領は一九九四年以来貿易交渉権限を持っていなかったが、現在は二〇〇二年八月から二〇〇五年六月(さらに二年間延長可)まで有効なファースト・トラックといわれる貿易交渉権限をもっている。この期間中米国では、大統領が行った貿易交渉の結果を、議会が修正することなくそのまま受け入れなければならない。そのためWTOの現行ラウンド多角的貿易交渉は、早ければ三年で終わり、延長されても二〇〇七年六月はじめまでには終わる必要がある。米国大統領はこの交渉権限を使って、FTAを締結する交渉も推進している。

(3) ガットが主催した関税・貿易交渉

ガットは八回の多角的交渉を主催した。一九四七年、一九四九年、一九五一年、一九五六年、一九六〇～六一年に行われた当初の五回は、交渉期間が短く、参加国も三八カ国以下と少なかった。この五回の交渉は関税交渉と呼ばれ、関税引下交渉が主に行われた。

第六回から第八回までは貿易交渉と呼ばれ、非関税貿易措置(関税以外の貿易措置)を貿易自由化の範囲に加えて交渉範囲を次第に拡大させた。また、新しいルールを作り、既成ルールを精緻化した。

第六回貿易交渉(一九六四〜六七年、六二カ国とEECが参加)は、一括関税引下方式の採用によって関税交渉が大きく進捗した。関税引下げ品目数は三万三〇〇〇であった。また、ダンピング防止税に関する詳細なルールが作成された。この交渉がケネディー・ラウンドと呼ばれたことはすでに述べた。

第七回(一九七三〜七九年、一〇二カ国とECが参加)は東京ラウンドと呼ばれ、関税引下などの貿易自由化が大きく進み、種々の非関税貿易措置に関する詳細なルールを含む国際貿易の種々のルールが強化された。関税引下げ品目数は三万三〇〇〇であった。貿易黒字を膨らませ第一回石油危機を克服した日本が、この交渉に積極的であることを期待された。しかし、日本はこの期待に答えず、その後貿易の出超に苦しむことになった。

第八回(一九八六〜九四年、一二三カ国とECが参加)はウルグアイ・ラウンドと呼ばれ、ガットが管轄する物品の貿易に、サービス貿易および知的財産権の保護という二つの新しい分野を加えた。また、紛争解決機関を強化し、WTOを設立することに合意した。農産物保護措置の関税化が行われ、関税引下げ品目数は三〇万五〇〇〇に上った。

(4) 現行ラウンド交渉の背景と設置された交渉グループ

WTOが主催する第一回目の貿易交渉が現在進行中で、正式には「ドーハ開発アジェンダ」と命名された。この交渉に参加する開発途上国の数が増えたので、その対策上このような名称がつけられた。この交渉の開始については、二〇〇一年一一月カタール国の首都ドーハで開かれた第四回WTO閣僚会議で決定された。この交渉は二〇〇二年初頭から三年かけて二〇〇五年一月に妥結することが予定されている。中近東でWTO加盟国が増えていることを背景として閣僚会議のドーハ開催が決まった。

二〇〇三年九月には第五回閣僚会議がメキシコのカンクーンで開催される。この閣僚会議で現行ラウンドの交渉の進捗度が判明する。

二〇〇二年二月には第一回の貿易交渉委員会が開催され、以下七つの交渉グループが設置された。農業、サービス、非農産品の市場アクセス、ルール(特に、ダンピング、補助金、地域統合のルール)、知的財産権(特に、地理的表示)、紛争解決了解の改正、および環境。

農業およびサービスについては、ウルグアイ・ラウンドで合意された貿易自由化を今後も続けることになっていたが、現行ラウンド貿易交渉に組入れられた。

また、WTO加盟国の合意さえ得られれば、シンガポールで開催された第二回閣僚会議で取り上げられた投資、競争政策、貿易円滑化、政府調達の透明性についてもこの交渉で国際ルールが作られることになった。

以下の各節では、上述した分野の主要部分について概説している。

労働問題は、国際労働機関（ILO）の専門分野である。それにもかかわらず、米国政府が労働組合の突き上げで労働問題をWTOで取り上げることを提案してきた。WTOで交渉すれば、結果がWTO加盟国の義務になるからである。しかし、WTOが労働問題を交渉することについて加盟国の反対が強く、新ラウンドにおいては取り上げられなかった（山根裕子「直接投資時代の「貿易と労働条件」」〈『貿易と関税』二〇〇二年九、一〇月号〉参照）。

東京ラウンドとウルグアイ・ラウンドが約八年間と長くかかったため、これからWTOが主催する交渉を短くしようとする動きがある。この交渉は三年間で終わることが予定されているが、米国大統領が与えられた貿易交渉権限からみると、長くとも五年以内には終るとみられる。

【参考文献】

宇山智哉「電子商取引とWTO」（『貿易と関税』一九九九年一〇月号）
日本関税協会記念シンポジウム記録「WTO次期貿易交渉の意義と展望」（『貿易と関税』二〇〇〇年八月号）
水谷浩隆「IT関連品目範囲と貿易動向について」（『貿易と関税』二〇〇一年九月号）
田村次朗「WTOにおける国際電子商取引のルール化に向けて」（『貿易と関税』二〇〇一年九月号）
経団連「新ラウンド交渉の立上げに向けて」（『貿易と関税』二〇〇一年一一月号）

荒木一郎「WTO新ラウンド交渉」(『貿易と関税』二〇〇二年二月号)
新堀聡「WTO新ラウンドと日本の貿易政策」(『貿易と関税』二〇〇二年六、七月号)
WTO事務局資料
財務省関税局資料

2　関税交渉に関するルール、関税水準と関税引下げ状況

(1)　関税率の種類と機能

外国品のみが輸入のときに関税をかけられ、国産品には関税がかけられない。今では関税の大部分が従価税(例えば、七%)である。従価税の場合、国内産品保護の水準が分り易い。関税の透明性が高いと言われるのは、関税の大部分を占める従価税について言えることである。これに反し、同じ関税でも従量税(例えば、一トンにつき一万円)は重量や数量に課税される。従量税の場合、安価なものほど課税負担が大きくなるので、開発途上国からの低価格産品の輸入に不利となる。保護水準が分り難いので、コメのような厚い保護を受けている品目に適用されているが数は少ない。従価税と従量税を混合した税率も

あったが、今ではほとんど姿を消している。

一定数量までの輸入に無税または低関税(一次税率)を課し、その数量を超える輸入に高関税(二次税率)を課すことを関税割当(tariff quotas)という。関税割当は、関税と輸入割当を組み合わせているが、ガットとWTOでは関税の一種であるとされてきた。関税割当は、農産品に対する輸入制限を関税化するときに多く採用された。高い産業保護が行われている産品に課されていることが多い。

例えば、コメの関税は従量税で、関税割当の形をとっている。

先進国では税収の一～二％程度しか関税に依存しておらず、関税が主に貿易政策の手段として使われてきた。他方、途上国の中には、所得税や法人税のような直接税の課税が難しいため、関税のような間接税の徴収に国家の財政収入を大きく依存してきた国もある。このような途上国の関税引下げは、国家財政に与える影響を考慮する必要がある。また、ダンピング防止税およびセーフガード措置の一種である輸入課徴金は、関税と考えられている。

(2)　関税による保護の原則と輸入制限の欠点

ガットとWTOは、輸入制限のような非関税貿易障害(関税以外の貿易障害)を原則的に禁止し、国内産業の保護を関税で行うことを原則あるいは輸入自由化の手法としてきた。これを「関税による保護の原則」という。この原則は、ガット規定の構成に基づいている。

上記の原則にかかわらず、国際収支が悪化した国は、輸入制限または輸入課徴金を課すことができる。しかし、その権利を返上している加盟国が先進国を中心に次第に多くなってきた。一旦輸入制限を導入すると、国内産業が輸入制限による産業保護に慣れ、後に国際競争力を回復することが難しくなるからである。

セーフガード措置の発動にあたっては、一時的に輸入課徴金を課すことが認められ、それが輸入制限を行うより望ましいとされてきた。輸入制限は輸入数量を決めるので、輸入抑制効果が明確であるが、関税は市場の価格機能を介して輸入を抑制するので、効果が明確ではない。

しかし、輸入制限には次のような欠点がある。

(1)　国内市場を世界市場から隔離するので、国内産業が次第に国際競争力を失い、輸入制限を長期間継続するとその回復が難しくなる。

(2)　消費者を犠牲にして、対象商品が国内で高価格になり、入手可能な商品の種類と品質が制限される。

(3)　基礎物資の輸入が制限されると、川下産業の国際競争力が低下する。

(4)　関税収入は国家の収入になるが、輸入制限では割当を受けた者が余剰利得を得ることになる。その余剰利得が政治腐敗の原因を作る。

(5)　世界の資源配分を歪曲し、経済を非能率化する。

(3) 関税交渉に関する国際ルールと関税引下げ方式

ガットとＷＴＯの関税交渉では、加盟国が個々の産品にかける関税率の上限を交渉の対象としてきた。交渉の結果引き下げられた関税率は、譲許関税率またはガット税率と呼ばれた。この税率は加盟各国が持つ最恵国税率の大部分を占めている。譲許とは、関税交渉の結果、個々の関税率について上限を約束することをいう（開発途上国に適用されている特恵税率については第5章を参照）。

ガットとＷＴＯは、多角的貿易交渉で関税を引き下げても、それを一挙に実施せず、段階的に実施してきた。例えば、ウルグアイ・ラウンドでは、農産品関税の引下げを六段階に分けて実施した。国内産業が関税引下げによって影響を受けるのを緩和するためであった。このように関税引下げを徐々に行えば、国内産業は次第に低下する関税保護に備える時間ができる。

鉱工業品については、先進国で輸入制限のような非関税障害が少なくなってきた。また、先進国が生産または輸出補助金を使って国内産業を保護することが禁止されている。したがって、この分野では関税が主な産業保護の手段になっている。そこで多角的貿易交渉の度に最恵国税率が引き下げられ、市場が開放されてきた。

伝統的に関税引下げ交渉では、輸出国（各国市場への主要供給国など）が各輸入国に関税引下げを要請し、各輸入国がそれに回答するリクエスト・オファー(Request-Offer)方式が用いられてきた。しかし、品目毎に交渉していては関税引下げが大幅に進まないので、先進国を中心に一括関税引下方式を採用したことがある。即ち、鉱工業品を一括し、計算式(formula)を使って例外品目以外の品目について関税を引き下げた。

しかし、主要な開発途上国がこの方式に参加せず、先進国間の交渉結果から利益を得ようとした(つまり「ただ乗り」しようとした)ので、ウルグアイ・ラウンドではこの方式がもはや用いられなかった。

近年は、米国の提唱で、賛同する国(先進国や成長する開発途上国)が産業毎に(例えば、医薬品や情報機器などについて)関税を撤廃する「ゼロ・ゼロ　オプション」と呼ばれる関税撤廃の手法が関税交渉で用いられてきた。この手法は関税水準が低くなった今日、引き続き今後も用いられよう。

関税分類については、世界関税機関(ＷＣＯ)が一九八八年に開発したＨＳ(Harmonized System)が一般的に用いられている。ＨＳは、新商品の登場と国際貿易の態様の変化を反映して、これまで数度改訂されている。

(4)　現行ラウンドにおける関税交渉

ドーハ閣僚会議では、非農産品(鉱工業品、水産品および林産品)について市場アクセス交渉をすることが合意され、関税と非関税障害を包括的に減少または撤廃することとなった。ウルグアイ・ラウンドで農業交渉を行ったために、水産品の交渉が取り残されている。

農産品については、先進国においても生産または輸出補助金が条件付きで許されており、多くの非関税貿易障害が自国の農産品を保護するために使われていた。そのため、農産品の関税引下げは補助金や非関税貿易障害の減少を伴わなければ意味がない場合が多かった。しかし、ウルグアイ・ラウンドにおいては、農産品の非関税貿易障害を関税に変える、即ち関税化すること、およびすべての農産品について関税率を譲許する、即ち関税の上限を定めることが合意された。これは先進国であろうと開発途上国であるとにかかわらず、全加盟国の義務とされた。

(5)　現行の譲許関税水準

表4（一二七頁）は、ウルグアイ・ラウンド貿易交渉後における主要貿易国の譲許関税率の平均および最高税率（括弧内）を、全品目、鉱工業品および農産品の三つに分けて示している。ただし、この関税資料は従価税品目のみを含んでおり、少数存在する従量税品目（例えば、日本のコメ）は含まれていない。農業交渉については次節で述べるが、農産品の関税水準については同表を参照されたい。

従量税は従価換算率が得られないとその高さが分らない。従量税品目には高い保護を受けている品目が多いので、日本の農産品譲許関税率の平均は一〇・七％ではなく、七〇％であるとする輸出国側の資料がある。

日本ではコメにかかる従量税の従価換算率が四九〇％であると報道されている。

鉱工業品については、先進国がほとんど譲許しているものの、開発途上国の中には譲許していない品目が多い国がある。表４は譲許していない品目の関税率を反映していないので、鉱工業品関税率（最恵国税率）の平均が表４より高い国が開発途上国の中にある。

表４は、非譲許品目の関税を含まず、譲許品目の中の従量税を含んでいないという制約を受けている。しかし、それが二〇〇三年本書執筆時に入手可能であった関税水準に関する公表資料であった。ＷＴＯ事務局も関税に関する資料をもっているが、公表していない。

(6)　主要貿易国の関税引下げ状況

表４からは次のことが言えよう。

(1)　先進各国の関税譲許の平均水準は一〇％以下に下がっているものが多い。ただし、メキシコとトルコのそれは、三五～四四％と高い。これら二国は先進国と称しているか、先進国グループに入ろうとしている。

(2)　開発途上各国の関税譲許の平均水準は三〇％を超えるものが多い。特にインドのそれが高い。開発途上国の関税率は、一般に先進国のそれより高い。中でも古くからガットに加盟している途上国の関税率が、最近加入した途上国のそれより高く、途上国間に大きな関税格差がある。

(3)　鉱工業品については関税譲許の平均水準が低下しているが、農産品の平均水準が極めて高い国がある。先進国の間では、米国、カナダ、オーストラリアのような大規模農業国の農産品平均関税が低下しているが、EU、日本、スイス、ノルウェーのような小規模農業国の関税が高い。

【参考文献】

朝倉弘教「WTOと関税」(『貿易と関税』一九九七年八月号)
筑紫勝麿「税関行政の新たな展開」(『貿易と関税』二〇〇〇年九月号)
宇野悦治「関税と関税評価」(『貿易と関税』二〇〇一年七月号)
大沢俊彦「主要国の関税体系の分析と比較」(『貿易と関税』二〇〇二年五月号)
李咏根「関税交渉と関税譲許」(『貿易と関税』二〇〇二年五月号)
中川淳司「関税関連書規則の国際的調和」(『貿易と関税』二〇〇二年一二月号、二〇〇三年一、二月号)
鶴田仁「新ラウンドの関税交渉」(『貿易と関税』二〇〇三年二月号)
浦西友義、藤本進、寺沢辰麿など「最近の関税政策・税関行政について」(『貿易と関税』二〇〇三年三月号、同二〇〇二年三月号、同二〇〇一年三月号など)

表４　主要貿易国の譲許関税率の単純平均と最高税率

（　）内は最高税率

	全品目	内 鉱工業品	内 農産品
ＥＵ(15カ国)	7.4%(198.3%)	4.1%(22.0%)	19.5%(198.3%)
米国	4.1%(98.5%)	3.8%(34.5%)	5.5%(98.5%)
日本　＊	5.1%(126.4%)	3.6%(49.0%)	11.7%(126.4%)
カナダ	5.2%(49.0%)	5.3%(25.0%)	4.6%(49.0%)
メキシコ	35.5%(254.0%)	34.8%(67.2%)	42.9%(254.0%)
韓国　＊	18.3%(800.3%)	11.4%(110.8%)	62.2%(800.3%)
スイス	8.9%(570.9%)	1.9%(99.3%)	51.1%(570.9%)
マレーシア＊	16.1%(167.8%)	16.4%(55.0%)	13.6%(167.8%)
オーストラリア	9.7%(89.3%)	10.6%(89.3%)	3.3%(26.1%)
タイ　＊	29.1%(226.0%)	28.4%(100.0%)	34.6%(226.0%)
ブラジル	30.3%(55.0%)	29.7%(35.0%)	35.3%(55.0%)
インド	67.4%(300.0%)	59.0%(300.0%)	124.3%(300.0%)
ノルウェー	26.0%(630.0%)	3.4%(170.0%)	123.7%(630.0%)
インドネシア＊	39.8%(210.0%)	38.6%(200.0%)	47.2%(210.0%)
ポーランド	19.9%(268.0%)	10.6%(100.7%)	52.8%(268.0%)
チェコ	6.4%(146.5%)	4.5%(31.5%)	13.3%(146.5%)
トルコ	44.1%(360.0%)	40.7%(360.0%)	63.9%(225.0%)
フィリピン＊	27.2%(60.0%)	25.1%(50.0%)	35.3%(60.0%)
アルゼンチン	30.9%(35.0%)	30.6%(35.0%)	32.8%(35.0%)
ベネズエラ	36.7%(135.0%)	33.8%(90.0%)	55.4%(135.0%)

（出所：OECD　TD/TC(99)7/FINALから抽出）

中国　＊	10.0%(65.0%)	9.1%(50.0%)	不明
台湾　＊	6.1%(500.0%)	4.8%(90.0%)	不明

注：ＥＵは共通関税の平均譲許率を示す。香港とシンガポールは関税がほとんどないためこの表に含まれていない。＊がつけられたのは東アジアにあるかASEANに所属するＷＴＯメンバーである。アセアン諸国と日中韓の東アジア三国との間でＦＴＡ協定を締結する可能性が検討されているので、これらの国に関する関税資料には特に注意する必要がある。

中国の関税譲許は2010年までに、台湾の関税譲許は2011年までに、すべて実施されることが加入交渉で合意された。上記は加入交渉で合意された譲許関税率の単純平均である。

3　農業協定と農業交渉

(1) 日本農業の過去と現在

第二次世界大戦後の占領下で日本は農地解放に成功し、多くの小作人が自営農民となった。これは国内で消費者の数を増やし、日本の貿易依存率を低下させた。農村の若者の多くが村を離れて商工業に就職し、日本産業の復興と輸出の拡大に貢献した。

他方、他の先進国は農業の規模を拡大させ、農業の合理化を進捗させた。農業保護政策を続けたECの中のドイツさえ、農地の規模を二倍程度に拡大したと言われている。しかし、日本では伝統的に土地への執着が強いため農地の規模拡大が進まず、国際競争力が低下し続けた。戦後しばらくの間は日本のコメの値段が世界価格と大差なかったが、今では世界価格の六倍程度に跳ね上がっている。

日本で長期間高い農業保護が続けられたのは、農業問題が政治化したためであった。政治家は農村票に期待し、農業団体は政治家に圧力をかけ続けた。政治家が地方の選挙区で農業の合理化について意見を述べることは難しかった。戦時中のように「問答無用」とされ、農業の敵とみなされて、得票を失う危険が大きかったからである。農民は後継者が少ないため次第に老齢化した。国の生産補助金に期待し、自らの生産合理化を大きく進めることはなかった。

(2) ガット交渉に一括受諾方式を採用

ガットの多角的貿易交渉ではECと日本が農業交渉を忌避し、そのためウルグアイ・ラウンド交渉が行われるまで、戦後の長期間農業交渉が成功しなかった。しかし、ガットは工業だけのためにあるのか、との農業国の不満が噴出していた。

ウルグアイ・ラウンド交渉の当初、一括受諾方式(a single undertaking)が合意され、どの部門(特に、農業と繊維品)の交渉が失敗してもウルグアイ・ラウンド全部門の交渉をご破算にすることが予め約束された。この約束はガット加盟国の交渉に賭ける決意を表明しており、危険をはらんだ決定であった。しかし、難しい農業や繊維品の交渉をどうにか成功させるためには必要であった。この一括受諾方式はWTOの現行ラウンド貿易交渉でも採用されている。

(3) EC農業政策の変化と熱帯産品交渉におけるECの戦略

ECの予算に農業関係が約七〇%を占めるようになり、CAPと呼ばれるECの農業政策が次第に重い財政負担となってきた。ECはその農業保護の結果、砂糖を含む食料の大口輸入国から大口輸出国に転じた。最大の問題は、世界の市場価格より大幅に高いECの主要農産品に対する支持価格が大量の余剰農産物を発生させ、それを補助金をつけて輸出しなければならなかったことである。その結果、穀物を増産し輸出を拡大しようとした米国などの伝統的な農産物輸出国の市場を奪い、国際貿易紛争を数多

表5　農業合意の概要

非関税措置の関税化	すべての非関税措置を関税相当量を用いて関税に置き換える（関税化）（第4条2項）とともに、これらを譲許する。転換後の関税は、原則として国内卸売価格と輸入価格の差とする。
通常の関税の削減	関税相当量を含め、通常関税は6年間にわたって農産物全体で36％、各タリフラインごとに最低15％削減する。
基準年	関税化する際の指標となる内外格差の基準年を1986～1988年とする。
ミニマム・アクセス機会の設定基準	関税化対象品目についての現行アクセス機会を維持する。輸入がほとんどない場合については、ミニマム・アクセス機会を、実施機関の1年目については、国内消費量の3％に設定し、実施期間満了までの間にこれを5％に拡大する。（第4条2項、附属書5）
特別セーフガード（特別緊急調整措置）	関税化を行った品目については、以下の場合において特別緊急調整措置として追加的関税（①の場合は関税の1/3を限度とする引上げ、②の場合は例えば10％超40％以下の下落に対しては、10％を越える分の30％の引上げ）を当該年度に限り賦課することができる（第5条）。 ①輸入量が過去3年間の平均輸入量の一定割合を超えて増加した場合 ［基準発動水準］輸入シェアが10％以下の場合：125％ 10％超30％以下：110％ 30％超：105％ ②輸入価格が、1986年～1988年の年間平均価格（基準価格）より一定割合以上下落した場合
輸出禁止・制限に対する規律	農産物について輸出の禁止又は制限を行う国は、輸入国の食糧安全保障に与える影響に対して十分な考慮を行うとともに、農業委員会に通報し、実質的な利害関係を有する輸入国との協議を行う。

（出所：経済産業省通商政策局編『2003年版 不公正貿易報告書』）

注：以下の基準を満たす農産物については、ミニマム・アクセスを一定率引き上げる（3％→5％を4％→8％）ことを条件に、関税化の特例措置（6年間関税化を実施しないことができる）が認められる。

（ア）　基準期間（1986～1988年）において、当該農産物の輸入が国内消費量の3％未満であること。

（イ）　輸出補助金が付与されていないこと。

（ウ）　効果的な生産制限措置がとられていること。

なお、実施期間中特例措置を終了させる場合は、ミニマム・アクセスの毎年度の増加量が終了した翌年度から低下する（0.8％～0.4％）。

く引起した。

「ＥＣでバターの山とワインの湖ができた」と言われたのはその頃である。他方、ＥＣに英国が加入し、ＥＣ農業政策に対する批判勢力が内部でも強くなり、その改革が必須となってきた。また、七十年代前半までの穀物の不足基調から過剰基調へと国際的需給が変化し、穀物輸出競争が激化した。

ウルグアイ・ラウンドにおける農業交渉はこのような事情の変化を背景にして行われた。

熱帯産品（開発途上国の農林産品）のＥＣにおける生産は少ない。しかし、ＡＣＰ諸国は、ＥＣが特恵による無税輸入の効果を減少させないよう、熱帯産品にかかるガット税率の引下げを少なくするようＥＣに要請した。九四頁に示したように、ＡＣＰ諸国はＥＣ諸国の旧植民地の中でアフリカ、カリブ海および太平洋にある経済的弱小国七六カ国を言い、ＥＣから特恵関税待遇を受けている。

このような事情が背景にあったが、熱帯産品交渉の会議で、ＥＣが熱帯産品のガット税率を著しく引き下げるというよいオファーを当初から提示した。ＥＣ代表がガット事務局で特別会議を招集してこれを発表した。そのためＥＣはＡＣＰ諸国以外の開発途上国から拍手喝采を浴びた。ＥＣは特にアセアン諸国との国際関係を重視していた。

ＥＣがこのような行動をとったのは、熱帯産品関税の引下げで開発途上国の多くを満足させ、ＥＣの非熱帯農業を米国とケアンズ諸国から守ろうとしていたと推察される。それはガット交渉が国際関係に与える影響にＥＣが配慮していたためであった。ケアンズ諸国は、オーストラリアのケアンズに集まった農産品輸出国のグループで、カナダ、豪州、タイなどを含んでいる。

(4) 日本のウルグアイ・ラウンドでの交渉姿勢

このような動向にもかかわらず、日本は自国が反対すれば農業交渉が挫折すると考えたのか、長年続いたウルグアイ・ラウンドの間、農業交渉と熱帯産品(開発途上国の農林産品)の交渉に協力しなかった。そのため国際社会、特にアセアン諸国などの開発途上国の間で日本が著しく不評となった。例えば、熱帯産品交渉の会議で農水省出身の日本代表は、一切日本の交渉方針を明らかにしなかった。彼は発言しないよう母国日本からきつく訓令されていたようだ。

ガットとＷＴＯの交渉では、関係各国が輸出国の要請に応える努力を事前に示すのが普通である。特に、交渉中先導的立場をとることが評価された。しかし、日本の場合は別であった。日本はコメを守ることだけ考えて、ＥＣが考慮したような国際関係を一切無視していたようだ。

また、日本は、国内で結論が出るまで国際会議で何も言わないことが多かった。政策決定について日本が集団主義をとり、代表者の活動についてきつく責任を問うていたためであったと考えられる。このような雰囲気の中で、日本の代表は硬直した姿勢をとらざるを得なかった。それでは国際交渉で日本が評判を悪くし、遅れをとって、挙句の果てに国際協調行動につきあわされることになる。

ウルグアイ・ラウンド全体の成功が農業交渉の挫折で危機に瀕したとき、日本がやっと妥協し、交渉が終った。ウルグアイ・ラウンドは最終的には日本の妥協によって妥結したが、この交渉は日本にとって大きな誤算であったといえる。

当時首相であった自民党の宮沢喜一氏が、日本で開催されたG7首脳会議の議長を務め、失敗しかかったウルグアイ・ラウンドの妥結を助けた。また、その後を継いで首相となった日本新党の細川護熙氏が日本の譲歩について決断し、世界経済を窮地から救った。特に後者は、自らを犠牲にして問題を解決しようとしたと思われる。

日本は過去の交渉の失敗を教訓にし、今後日本の体質を変えていかねばならない。しかし、日本は農業が一度壊滅しなければ、体質改善を実行しないのではないかとの厳しい観測がある。農村における票数は次第に減少しているが、農村での得票に対する政治家の期待が依然大きいからである。

そのため日本が必要とする改革を提案することが政治的に難しい。改革は遅れれば遅れるほど犠牲者が増えるが、改革を実行するためには政治家の決断が必要である。

農業交渉の趣旨は、農業に対する保護措置をすべて関税化し(つまり、関税による保護に変え)、それから関税(譲許率)を引き下げる、というガットにおける貿易自由化の伝統的手法に添ったものであった。それはコメの関税化を含んでいて、日本がそれに強く抵抗した。しかし、関税化はガットが産業保護の程度を明らかにし、貿易自由化を進めるために必要であった。

ウルグアイ・ラウンド農業交渉において、日本は例外的にコメの関税化を遅延させ、一九九九年四月に他国に四年遅れてコメの関税化を実施した。そのため、ミニマム・アクセスとして自国が輸入しなければならないコメの量が国内コメ消費量の七・二％となり、予定通り関税化を受諾した場合の五％と比べて大きくなった。

ウルグアイ・ラウンド農業交渉における失敗の苦い経験から、日本は現在進行中のＷＴＯ農業交渉で方針を転換しつつある。日本は農業協定を守り、農業の多面的機能および日本農業の実態について世界各国の理解を求めている。しかし、それだけでは十分と言えない。

(5) 農業交渉が現行のラウンド交渉と日本にとって重要な理由

現行のラウンド交渉において農業交渉が次の理由で重要であろう。

(1)　先進国は、ある限度内で農業の生産と輸出に補助金を出すことを許されている。そのため、補助金の削減が関税の削減と共に農業交渉の主要課題となっている。輸出補助金を多く出している米国とＥＵが農業交渉の主役で、日本は脇役に過ぎない。

(2)　これまでのガット交渉で関税が大幅に引き下げられ、残った高関税は農産品に多い。農業交渉はウルグアイ・ラウンドにおいて初めて成功し、農業協定が作成された。現行ラウンド交渉の市場アクセス交渉の成功は、農産品関税の引下げに大きく依存している。

日本にとって農業交渉が次の理由で重要であろう。

(1)　日本はガット体制から大きな利益を得たが、ガットの理解が不足し、ウルグアイ・ラウンドでは農業交渉に協力しなかった。そのため、ウルグアイ・ラウンド全体が挫折しかかった。その失敗を現行ラウンド交渉で繰り返さないことが大事である。また、「省あって国なし」の交渉を日本が行った。日本は国益と国際関係を無視した農業交渉を二度としてはならない。WTOの規律に反し、日本農業のためにもならない厚い農業保護を続けて国益を犠牲にしてよいとは思えない。

(2)　日本ではコメなどの農産品が長い間高い保護を受け、国際競争の枠外に置かれてきた。言い換えると、日本は農業に関する限り計画経済に執着し、ガットの市場経済に関する規律が農業に及ぶのを阻止してきた。それでは日本の農業は衰退するしかない。WTO体制の下で、それをこれからも続けていくことはできない。結局日本の農業が壊滅する恐れがある。

(3)　農業は将来の国のあり方に関係しているので、重要視されている。しかし、日本では農業が聖域視され、問題を合理的に検討しようとすると、一部の農民などから戦時中のように敵視された。そのため日本の農業が衰退し続け、日本が国益を害するような交渉を続けなければならなかった。

(4)　日本が今後アジア諸国とFTAを締結することができるかどうかは、農産品関税について何ができるかによる場合がある。

(5)　日本は、自国の農業保護政策を改革しなければ、多角的貿易交渉とＦＴＡ締結交渉で相手国と納得できる農業交渉を行うことができない。

(6)　農業生産と直接結びつかない農家の所得支持が農業協定に規定されており、日本もそれを考慮する必要がある。

(6)　世界情勢と日本農業の事情

ガットでは農業の特殊性を認める規定が少なかったが、農業協定は保健衛生や環境などの非貿易関心事項を取り上げた。これで農業が工業と違うことがより明確に世界に示され、世界経済を脅かしたウルグアイ・ラウンド全体の失敗が避けられた。

「農業は工業と同じ」と主張したのは、大規模農地をもつ米国とケアンズ諸国であった。しかし、農業は特殊性が大きく、工業と同じだとは考えられない。したがって、日本では農業についてある程度の関税保護を残す必要があるとみられる。しかし、コメのように高い関税を日本が維持することは許されないであろう。

今後の交渉においては次の事情を考慮する必要がある。日本では一戸当たり農地の平均が一・六ｈしかなく、米国、カナダ、豪州、アルゼンチンのような新大陸型農地の百分の一程度に過ぎない。しかも、食料自給率がカロリー・ベースで約四〇％と低い。言い換えれば、食料の約六〇％を外国からの輸入に依存している。また、日本の食料輸出が極めて少なく、輸出補助金を支出していない。

日本は上記の事情から食料安全保障を主張しているが、他の先進国では食料の自給率が高く、輸出も大きい。先進国は価格が高くなっても食料が買えるという理由で、日本の食料安全保障に対しては国際的理解が困難となっている。ＷＴＯにおいては食料安全保障が主として途上国の問題であると考えられている。海洋に囲まれ大きな人口を抱える日本が、どの程度食料を自給すれば食料供給の安全を保障できるかは、今後の世界における食料の需給関係や国際平和に依存している。その将来予測は難しい。

しかし、食料供給の大幅な外国依存の結果、日本は世界最大の農産品純輸入国となっており、コメなどの国家貿易品目を除くと農産品の関税はすでにかなり低くなっている。

米国とケアンズ諸国のなかに多い新大陸諸国はＷＴＯでの農業交渉を推進している。国際競争力がある新大陸諸国の農産品を、農地が小さく国際競争力に欠ける国が輸入することはＷＴＯの規律と合致している。新大陸諸国の農業生産力は未だ高いが、国民総生産における農業の比重は次第に低下している。他方、多くの開発途上国では農業分野の雇用が大きく、それらの国が日本農業の貿易自由化に期待しているのも事実だ。

(7)　農業改革の必要性と農業交渉についての提案

しかし、日本の全人口に占める農民の比率は減少し続けている。日本で農業を維持するためには今後の農業交渉で思い切って発想を転換することが必要である。問題は関税引下交渉にあるのではなく、国内の農政にある。国内の農政を改革しなければ、現行ラウンドの交渉にも対応できない。

今日の農政は後継者が少ない零細な自営農民の保護に向けられている。しかし、それでは日本に農業を残すことが困難である。国家の将来を考えると、農業そのものの保護政策に転換する必要がある。

そのためには農民以外の農業参入を自由にしたり、新たな資本投下を規制から開放したり、付加価値の高い農産品への特化を奨励しなければならない。同様な産品でも、環境や健康によく質の高いものは市場で差別化されている。また、先進国の農業生産は次第に企業化しているので、日本農業の企業化にも配慮する必要がある。また、それは新たな消費を掘り起こす新種開発を促進するためにも必要である。農産品供給者と消費者との間に良好な関係を構築し、消費者にとって安全な食料の安定供給に力を注ぐ必要もあろう。

日本における農地の利用は、農村の事情を優先させている。都市人口が増加し、環境保持が次第に重要になっていることを考えて、総合的・合理的に土地を配分する必要がある。

WTO交渉ではそれぞれの加盟国が国益を追求しているが、自国の食料供給能力および国際競争力にのみ関心を向けるのが国益とはいえない。国益を広く解釈し、国際競争で生き延びられる農業にしないと、国益を追求できない。近隣諸国を含む他国の利益を害し、国際関係を悪化させ、国際貿易の利益を失っては、農業交渉が国益を追求しているとはいえない。

農民といわれる人達の大部分は農業以外からの収入に所得を大きく依存している。その収入は国際関係に依存していることが多い。そのためにも国益の広い解釈が望まれる。

日本人の所得に占める食費の比率（エンゲル係数）は次第に低下し、コメにかかる食費は一％程度に過ぎない。日本人の趣向と健康志向からみて一般人の農産物の消費傾向は大きく変化しないことが予期される。

日本が国内農政を改革できれば、現行ラウンドの農業交渉において日本への国際的圧力が少なくなるであろう。それが日本の国益にもなる。

東京ラウンドとウルグアイ・ラウンド貿易交渉が八年程度と長期間続いたことを反省し、現行ラウンド交渉を短くしてそれを三年で終了することが予定されている。現行ラウンドを早く終わらせるためには、ウルグアイ・ラウンドで合意された農産品関税の引下げを継続することが望まれる。

現行ラウンドの農業交渉において日本はＥＵの提案を支持しているが、日本の立場はＥＵとも大きく異なる。ＥＵ諸国が高い食料自給率を維持し、輸出が大きいのに反し、日本は農産物の自給率が小さく、輸出利益もほとんどない。また、輸出補助金を支出していない。日本にとっては非貿易関心事項が重要で、農業をある程度国内で維持しなければならない。日本はこれらのことを強く主張すべきであろう。

著者は日本の農業交渉に関し、次のことを提案したい。

(1)　ウルグアイ・ラウンドで合意され、農業協定に示されたような関税引下げを日本が継続して行うことを提案し、国内の説得に努める。他方、ＷＴＯの交渉では、食料自給率が低下し、食料安全保障が危険にさらされている時にそれが最善のオファーであることを主張する。

(2)　日本が農業交渉の主役でないことを明白にし、日本が世界最大の農産品純輸入国になった特種事情に配慮することを求める。

(3)　次のような国内農政の改革を行う。農民保護政策から農業自体の存続政策に転換する。

(4)　国益を広く考え、国内農業の保護のみならず、国際貿易からの利益を勘案する。

(5)　現行ラウンド交渉の推進に協力し、その早期妥結を図る。

著者はウルグアイ・ラウンドにおいてガット事務局で熱帯産品交渉を担当した。本節のコメントは著者がガット事務局において交渉担当者として経験し、見聞したことに基づいている。なお、開発途上国の大部分は熱帯にあり、先進国の大部分は温帯や亜熱帯など熱帯の外にある。ガットが主催した貿易交渉で、コーヒーやバナナなどの熱帯産品(関税分類６桁で約二五〇品目)を他の農業産品と別に交渉したが、それは非熱帯農産品の交渉が進まなかったためであった。過去のガット交渉の結果、熱帯産品の関税引下げが進捗し、現行ラウンド交渉では熱帯産品交渉を別に分けて交渉する必要がなくなった。

【参考文献】
佐伯尚美「WTO農業協定と農産物貿易」(『貿易と関税』一九九七年八、九月号)
朝倉弘教「WTO農業交渉と農産物関税問題」(『貿易と関税』二〇〇二年一一、一二月号)
高瀬保「農業交渉をめぐる法的・政治的諸問題と次期ラウンドの交渉対策」(食料・農業政策研究センター『食料政策研究』一九九九年刊)

4　サービス貿易の交渉

(1)　サービスとは何か

ウルグアイ・ラウンド貿易交渉において、管轄が物品貿易だけからサービス貿易に拡大され、「サービス貿易に関する一般協定—General Agreement on Trade in Services」(略称、ガッツ＝GATS)が作成された。サービスとは第三次産業のことである。

第三次産業は、第一次産業（農林水産物の採取と加工および鉱業）および第二次産業（工業）を除いたすべての産業である。ただし、政府のサービスにはガッツが適用されない。

サービスは、次の一二分野に大別され、更に表6（一四三頁）のように細分されている。

1 実務、2 通信、3 建設、4 流通、5 教育、6 環境、7 金融、8 保健・社会事業、9 観光・旅行、10 娯楽・文化・スポーツ、11 運送、12 その他。

サービスの中には、観光、旅行、運送などのように早くから貿易の対象になっていたものと、経済グローバル化の進展と共に徐々に貿易の対象になってきたものとがある。この協定が作られたのは、各国経済においてサービスの比重が次第に大きくなり、サービスが次第に幅広く貿易されるようになってきたからである。これまでは国内だけで供給されると思ってきたサービスも次第に貿易の対象になってきた。サービス貿易がルール化されたことは、経済において貿易の重要性が増してきたことを意味する。

サービス貿易は、以下のように四つの態様に別れている。

(1) サービス自体の国境を越えた移動（例えば、通信による情報やデータの移動）
(2) サービス消費者の移動（例えば、観光旅行のための人の移動）

表６　サービス分野分類表

1．ビジネス・サービス／実務サービス

A. 自由職業(professional)サービス

弁護士、会計士、税理士、建築家、工学専門家、都市計画家、医歯科医師、獣医、準医療従事者(看護婦、助産婦、物理療法家等)

B. コンピュータ関係サービス

導入指導、ソフト利用、データ処理、データ・ベース等

C. 研究開発(R&D)サービス

自然科学、社会人文関係等

D. 不動産サービス

E. レンタル・リースサービス／運転者を伴わない賃貸サービス

船舶、航空機、その他の運輸機器・機械等

F. その他のビジネス・サービス

広告、市場および世論の調査、経営コンサルタント、技術的なテストと分析、森林業関係、漁業関係、鉱山関係、製造業関係、エネルギー分配関係、職業紹介、調査と警備、科学技術コンサルタント、維持修理、建物清掃、写真関係、包装、印刷と出版、大会議設営等

2．コミュニケーション・サービス／通信サービス

A. 郵便サービス　B. 配送サービス

C. 電気通信サービス

電話、テレックス、電報、ＦＡＸ、オンライン情報検索、コード変換、オンラインデータ処理等

D. 音響映像サービス

映画とビデオ・テープの作成と販売、映画上映、ラジオ、テレビ、録音等

E. その他

3．建設および関連したエンジニアリング・サービス

A. 建築物のための一般建設工事　B. 土木工学のための一般建設工事

C. 据え付けと組み立てサービス　D. 建築物仕上げ工事　E. その他

4．流通サービス

A. 問屋サービス　B. 卸売サービス　C. 小売サービス

D. フランチャイズサービス　E. その他

5．教育サービス

A. 初等教育サービス　B. 中等教育サービス　C. 高等教育サービス

D. 成人教育サービス　E. その他

6．環境サービス

A. 汚水サービス　B. 廃棄物処理サービス　C. 衛生および類似サービス

D. その他

7．金融サービス

A. 保険および保険関連サービス　B. 銀行業務等の金融サービス(証券、信託業務を含む)　C. その他

8．保健関連および社会事業サービス(1Aに含まれる医療関係を除く)

A. 病院サービス　B. その他の保健サービス　C. 社会事業サービス　D. その他

9．観光および旅行関連サービス

A. ホテル、レストラン(仕出し含む)　B. 旅行業サービス

C. 観光客の案内サービス　D. その他

10．娯楽、文化、スポーツサービス(2D記載の視聴覚サービスを除く)

A. 興業サービス(劇場、生バンド、サーカス含む)　B. 通信社(news agency)サービス　C. 図書館および記録保管所のサービス　D. スポーツ等の娯楽サービス

E. その他

11．運輸サービス

A. 海上運送　B. 内水運送　C. 航空運送　D. 宇宙運送　E. 鉄道運送

F. 道路運送　G. パイプライン運送　H. 運送補助(貨物取扱、倉庫、貯蔵、貨物運送エージェント等)　I. その他

12．上記以外のサービス

(出所：高瀬保編著増補『ガットとウルグァイ・ラウンド――ＷＴＯの発足』139頁)

(3)　外国における拠点設置(例えば、販売やアフター・サービスのための支店や現地法人の設置)

(4)　サービス提供者の移動(例えば、会計士、経営者、技術者、看護者、労働者の移動)。

(2)　サービスの交渉と交渉ルール

ガッツの下のおけるサービス貿易交渉は、物品貿易に関するガット交渉のように、自由化交渉とルール作成交渉とに分れている。自由化交渉については、物品貿易交渉に関して各加盟国が関税率の上限を登録する「譲許表」をもっているように、サービス貿易交渉に関しては各加盟国が第三次産業についての特定の約束を登録する「約束表」を持っている。

ガット時代に物品貿易の交渉に携わってきたのは、外務省、大蔵省(現財務省)、通商産業省(現経済産業省)および農林水産省の四省が主であった。しかし、WTOになって管轄範囲を拡大し、貿易交渉にほとんどすべての省庁が関係するようになった。四省以外では内閣府、厚生労働省、国土交通省、環境省および特許庁がWTO交渉に深く係わっている。

ガットにおける最恵国待遇や内国民待遇はすべての物品に適用されるが、ガッツにおける「市場アクセス」、「内国民待遇」および「追加的約束」に関するルールは、特定の約束をしたサービスにのみ適用される。このようにガッツはすべてのサービス分野を初めからこれら国際ルールの対象にすることを避け、合意が得られたサービス分野についてのみ、これらの国際ルールを適用することにした。

「市場アクセス」があるとは、サービス提供者数の制限、サービス取引総額の制限、外国資本の参加の制限、サービス事業体の形態制限などが存在していないことを意味しており、規制の撤廃を進めることが貿易自由化となる。

「内国民待遇」は、外国のサービスまたはサービス提供者を自国のサービスまたはサービス提供者と同様に取扱うことを意味している。

「追加的な約束」は、市場アクセスおよび内国民待遇以外のサービス貿易に影響を及ぼす措置に関する約束である。基本電気通信についての合意では、この分野での競争を確保するための様々な措置を日本が追加的に約束した。

サービス貿易においても、WTO加盟国を国別に差別しない「最恵国待遇」がルールの一つとされている。最恵国待遇は、各々のサービスについて特定の約束をしたかどうかにかかわらず適用されている。ただし、サービス貿易では最恵国待遇からの免除が、原則としてガッツ発効後一〇年間(即ち、二〇〇四年末まで)許されている。日本は最恵国待遇の免除を受けなかったが、米国やEUなどはこの免除を受けた。最恵国待遇の免除措置を削減することも貿易自由化交渉の一部となっている。

以上サービス貿易の自由化に関する手法について述べたが、この自由化交渉は始まったばかりであり、今後の交渉に期待するところが大きい。

(3) サービス貿易交渉の功罪

先進国は経済の発展段階が高く、競争を制限すれば自国のサービスが発達しないことを恐れている。特に貿易の自由化が必要とされるのは、自国のインフラ(例えば、通信と交通)の発達に影響を与えるサービスである。インフラの発達が遅れれば、経済全体の競争力が落ちる恐れがある。したがって、このようなサービスについては貿易自由化が約束されている場合が多い。ウルグアイ・ラウンド貿易交渉において、まず電気通信と金融がサービス貿易自由化の対象にされたのは、米国が熱心にそれを要請したためもあるが、主に国のインフラを改善するためであった。

他方、開発途上国は経済の発展段階が低く、サービスについて競争力がない場合が多い。貿易自由化が自国のサービスを発達させるよりも外国の経済支配を容易にすることを懸念している。したがって、サービスについて貿易自由化を約束していない場合が比較的多い。また、先進国が多くもっている資本や技術に対抗して、開発途上国が安く提供できるのは労働力であると考えている。

(4) ガッツの附属書と自然人移動

ガッツを作成するための交渉において、「自然人の移動」、「金融サービス」、「電気通信」、「基本電気通信」、「航空運送」、「海上運送サービス」および「最恵国待遇からの免除」についてガッツの附属書が作成された。

例えば、「自然人の移動」に関する附属書は「労働力の一時移動」を取扱っている。ただし、移民、ビザ発給、労働許可は各国の主権事項であるとして、この附属書では取扱っていない。しかし、労働力の一時移動は、将来移民にも影響してくるので、その影響を考えてこの問題を検討する必要がある。特に日本語の習得が必要とされる日本への労働力の一時的移動は、恒久的な移民と関係が深い。

日本の人口は急速に老齢化している。この傾向の進捗を遅らせ、日本の国際化を助けるためには、長期的観点から若い外国人の流入を受け入れる必要がある。

日本企業の多くは世界中に展開しており、企業内の国際的移動および研修と訓練のための国際的移動の需要が大きくなってきた。

今のところマネージャーと技術者などの熟練労働者の移動を「自然人の移動」に関する附属書で取扱うことが多い。しかし最近は、開発途上国からの看護士や単純労働者の移動が問題となってきた。

世界経済がグローバル化し日本経済が沈滞している現在、近隣諸国との協力と提携のみならず、海外の人材登用や外国文化を受入れることが日本の活性化のために必要となってきた。

豊かになった国の多くは少子化と単純労働者の欠乏に悩んでいるが、他方不法外国人就労者と犯罪の増加という問題も抱えている。問題は複雑で、国家の将来像に関係する。事の功罪を深く検討し、長期的および短期的な政策決定を行うことが必要であろう。

日本は二〇〇三年四月から「ＡＰＥＣビジネス・トラベル・カード」（略称、ＡＢＴＣ）を認めることになった。ＡＢＴＣの参加国または地域に入国・滞在する際には、ビザなしでも旅券とＡＢＴＣがあれば専用レーンを利用して入国できることになっている。これはＡＰＥＣ諸国を短期かつ頻繁に移動するビジネスマンのために作られた制度で、ＡＰＥＣに加盟する一四の国と地域で運用される予定である。詳細は外務省に照会されたい。

労働力一時的移動の問題は第四章で述べたＦＴＡ締結交渉で取扱われることが多い。

（5）現行ラウンドにおけるサービス貿易交渉

ガッツ作成の際には分らなかったことが多く、多くの項目が将来における作業に委ねられた。例えば、セーフガード、補助金、政府調達に関するガッツの規定である。これらの交渉はウルグアイ・ラウンド終了後も続けられてきたが、いずれも決着を見ることができなかった。現行のラウンド交渉では、これらの項目が引き続き取り上げられるとみられる。

また、ガッツは国内規制についての規律を作ることを予定している。ガッツ第六条四によれば、加盟国は、資格要件、資格審査手続、技術基準、免許要件に関する措置がサービス貿易の障害とならないようにするための規律を作ることになっている。先ず会計士についての規律が取り上げられ、一九九八年末に会計士規律のテキストがサービス貿易理事会で採択された。この規律はそれ自体では法的拘束力を生じないものとされ、より一般的な自由職業分野での規律作成を待って、現行ラウンド交渉の結果と共に発効させることになった。また、一九九九年には国内規制作業部会が設置され、サービス分野全体に適用し得る規律を作ろうとしている。

ＷＴＯのドーハ閣僚会議においては、現行ラウンド交渉のサービス貿易交渉について、二〇〇二年六月までに最初の要請(initial requests)を提出し、二〇〇三年三月までに最初の回答(initial offers)を提出することが合意されたが、提出が遅れているとの情報がある。

【参考文献】

河野正道「ＷＴＯ金融サービス交渉の決着について」(『貿易と関税』一九九八年四月号)

Lee Tuthill「ＧＡＴＳ基本電気通信交渉と通信サービス」(『貿易と関税』一九九八年五月号)

森田未奈子「サービス貿易の全貌、ＷＴＯ交渉現場から見た我が国産業界の課題」(『貿易と関税』二〇〇〇年四月号)

岩田伸人「ＷＴＯ次期交渉におけるサービスと環境の問題」(『貿易と関税』二〇〇〇年七月号)

宇山智哉「ＷＴＯ新サービス交渉における交渉技術」(『貿易と関税』二〇〇一年二月号)

森田清隆「二一世紀の大産業となる「中国のサービス業」」(『貿易と関税』二〇〇一年一二月号)

森田清隆「ＧＡＴＳセーフガード規定策定に関する最近の動向」(二〇〇一年一二月号)

経団連「ＷＴＯサービス貿易自由化交渉、人の移動に関する提言」(『貿易と関税』二〇〇二年八月号)

外務省経済局サービス貿易室編『ＷＴＯ　サービス一般協定』(日本国際問題研究所、一九九七年)

"Impediments to Trade in Services", edited by Christopher Findlay and Tony Warren and published in 2000 by Routledge.

5　知的財産権に関する交渉

国連の世界知的所有権機関（ＷＩＰＯ）がジュネーブにあるにもかかわらず、ウルグアイ・ラウンド貿易交渉で知的財産権の保護が交渉された理由およびＷＩＰＯの活動についてはすでに第1章1で述べた。

英語の原本でいう"intellectual property rights"は、条約上「知的所有権」と訳されているが、「知的財産権」とも呼ばれることが多い。両者は日本語が違っているが、内容は同一である。

(1)　ＷＴＯが知的財産権保護を管轄して何が変わったか

ガットでは当初ブランド品などの不正商品貿易が問題となったが、問題の根本には知的財産権を守らない国が多いということになり、知的財産権を守ることをＷＴＯ加盟国の義務とする「知的所有権の貿易関連の側面に関する協定—Agreement on Trade-Related Aspects of Intellectual Property Rights」（略称、ＴＲＩＰＳ協定）がウルグアイ・ラウンド貿易交渉で作成された。

知的財産権の世界にＴＲＩＰＳ協定が導入された結果、次のような変化が起こった。

(1)　従来存在していた条約（例えば、工業所有権の保護に関するパリ条約）は加入が任意であったが、

WTO加盟国のすべてが知的財産権を保護する義務を負うことになった。ただし、開発途上国などはその義務の実施を遅らせることができる。

(2)　従来からあったものに新しい種類を加えた知的財産権全体が、包括的に保護されることになった。TRIPS協定が含む知的財産権は、①著作権(コンピュータ・プログラムおよびレンタル権を含む)および著作隣接権(実演者、CDなどの録音製作者、放送の権利を含む)、②商標権、③意匠権(工業デザイン権)、④特許権、⑤地理的表示(ワイン、酒精など)、⑥ICの配置権、⑦非公開情報(企業秘密、新薬や新農薬などの秘密を含む)の七種類に分類されている。

(3)　各知的財産権について最低限守るべき保護の基準、ならびに保護の実施手続が定められた。そのため、これまで保護が不十分であった国の制度が改善されることになった。

(4)　従来の知的財産権関係条約は紛争解決制度をもたなかった。国連の国際司法裁判所に提訴することはできたが、そこに知的財産権問題が提訴されたことはない。WTOの紛争解決機関が知的財産権に関する国際紛争の裁決にも使えるようになり、現在WTOの紛争解決機関は知的財産権に関する数多くの案件を取扱っている。

(5)　知的財産権の問題は、貿易や経済発展にも関係するとの認識が定着し、その重要性が認識されてきた。また、それを産業政策の問題として取り扱うことが増えてきた。

されたい。

(2) TRIPS協定実施の遅延

TRIPS協定上の各種知的財産権の取扱いおよび日本での取扱いについては表7(一五八頁)を参照

開発途上国(後発途上国を除く)および市場経済への移行国(例えば、中国や旧ソ連圏諸国)は、TRIPS協定の実施を二〇〇〇年一月まで遅らすことができた。さらに、物質特許(薬品などの化学品に多い)の保護に関する限り、開発途上国は実施義務を二〇〇五年一月まで遅らせることができる。さらに後発途上国はTRIPS協定の実施義務を二〇〇六年一月まで遅らせることができ、申請すれば、それ以上に延期することができる。

二〇〇〇年一月の実施期限までにWTOに加盟する開発途上国(後発途上国を除く)および移行国のすべてがTRIPS協定(物質特許に関する規定を除く)を十分実施できたかどうかについては疑問とされている。他方、途上国の多くはウルグアイ・ラウンドの成果について不満を表明しており、中でもTRIPS協定の実施が自国に負担となっているのではないかと考えている。

(3) 知的財産権保護の功罪

現状では、知的財産権の大部分を先進国がもっている。開発途上国が自国においてそれを保護するために多額の費用と多くの技術者を使っても、それが主に先進国にとって利益となり、自国のためになることは少ないのではないかと考えている。

知的財産権を保護しなければ、いつまでも国内で創造的活動が行われず、自国の経済発展や外国からの投資が制約されることになる。それが分っていても、TRIPS協定上の義務を履行して知的財産権を自国で保護しても、直ぐにそれが国益になるとは考えていない開発途上国が多い。なお、開発途上国によるTRIPS協定などの実施に関する問題については、第1章1を参照されたい。

TRIPS協定は、エイズなどの感染症に苦しむ途上国が、自国内における供給を目的として強制実施権により安価な医薬品の生産を行うことを認めている。しかし、感染症の惨禍に苦しむ後発途上国は、そのような生産能力をもっておらず強制実施権を効果的に使用することができないとの問題が生じていた。WTOはドーハ閣僚会議において「TRIPS協定と公衆の健康に関する宣言」を採択し、生産能力が不十分か、無い国が如何にして安価な医薬品を入手できるかについて検討し、解決策を見出すことになっている。

他方、先進国は知的財産権の保護がWTO加盟国によって行われる体制ができたことに満足し、自国の知的財産権を増やし、国富を増加させようとしている。また、途上国において知的財産権の保護が不十分であることを危惧している。

日本を含むアジア諸国では知的財産権保護についての観念が薄く、それが経済発展の阻害になることがあった。そのため特許庁では産学連携などによって知的財産権を増やし、TRIPS協定の実施を内外に求め、それを日本産業の活性化に役立てる政策を取っている。この政策はアジアの現状からみて必要とされよう。

(4)　TRIPS協定上の問題

ＴＲＩＰＳ協定は、知的財産権に関する昔からの国別保護体制から一歩出て、ＷＴＯ加盟国が各知的財産権について最低基準(minimum standards)を設定することを求めた。例えば、著作権は認可または作成から五〇年以上保護しなければならないし、特許権は出願日から二〇年以上保護しなければならない。それは国際調和化を進める第一歩と考えられている。

しかし、ＴＲＩＰＳ協定は保護の限度(最高水準)について何も規定していない。先進各国がもっている競争法(日本では独占禁止法など)は保護の行過ぎを抑える機能をもっているが、それで十分であるとは思えない。

しかし、この状態を利用して米国やＥＵは著作権の保護期間を七〇年または七五年に延長し、保護の行過ぎが懸念されている。例えば、保護期間の延長が著作権に含まれているコンピュータ・プログラムにも適用されている。ちなみに日本では著作権の保護期間が五〇年であるが、それをある特定の著作権について七〇年に延長する動きがある。正当な理由がなければ、このような延長は後で問題となろう。

ＴＲＩＰＳ協定は、パリ条約などの一方的に知的財産権を保護する体系からは一歩出ているが、いずれ古い体系を変更するための経過的なものではないかと著者はみている。日本は米国やＥＵの動向をいたずらに追随せず、独自の立場で先進国の行過ぎを抑える政策を取ることが望まれる。

ＷＴＯのドーハ閣僚会議では、二〇〇三年九月にメキシコのカンクーンで開催される閣僚会議までにワインと蒸留酒に関する通報・登録制度を交渉することが合意された。

なお、米国のみが特許授与にあたり先発明主義を採用していることにより、種々の問題が生じている。米国以外は先願主義を採用しているので、米国も先願主義に早期に転換することが望まれる。

(5)　ＴＲＩＰＳ協定実施上の問題

ＴＲＩＰＳ協定の実施はＷＴＯ上の義務である。しかし、次に述べるようなＴＲＩＰＳ協定上の問題の解決が得られなければ、途上国の多くがＴＲＩＰＳ協定の実施に積極的にならないのではないかと危惧される。例えば、日本の特許法や著作権法が述べているように、各国が知的財産権を保護する目的は「自国の産業と文化の発達」のためである。しかし、ＴＲＩＰＳ協定導入後は知的財産権保護の目的が拡大し、多様化された。協定の前文は次のように述べている。「国際貿易にもたらされる歪みおよび障害を軽減することを希望し、知的所有権の有効かつ十分な保護を促進し、知的所有権の行使のための措置と手続自体が正当な貿易の障害とならないことを確保する必要性を考慮し、……」。

また、ＴＲＩＰＳ協定第七条は、知的財産権保護の目的が、技術的知見の創作者および使用者の相互的利益となること、および権利と義務とが均衡することであると規定している。ただし、このような知的財産権保護の目的の多様化が先進国でも広く認識されているとは言い難い。たとえ認識していても、上記の規定が具体的な規定の裏づけを欠いた精神規定であると主張し、その法的効果を疑問視する向きがある。それではウルグアイ・ラウンドにおける途上国の意図と異なることになる。

(6)　並行輸入問題──日・豪・開発途上国などの政策と欧米との乖離

著者が次に問題とするのは、並行輸入について国際調和が行われていないという事実である。

並行輸入とは、外国において知的財産権者によって合法的に販売された真性商品が、その知的財産権者(権利を譲渡された者を含む)と関係がない第三者によって輸入されることをいう。これは不正商品の輸入とは異なる真正商品の輸入問題である。

並行輸入の現状を概観すると、知的財産権を多くもつ米国とEUは近年並行輸入の制限を強化し、逆に日本、豪州、開発途上国などは並行輸入を広く認める方向で国内制度の改革を進めてきた。そのため、並行輸入の取扱いが、米国・EUとその他の国々との間で大きく異なってきた。

ウルグアイ・ラウンド貿易交渉では並行輸入について結論が得られず、TRIPS協定第六条は、並行輸入を認めるか禁止するかをWTO加盟国の自由な選択に委ねた。

ガット規定では知的財産権の保護がガット原則の例外とされてきた(ガット第二〇条参照)。しかし現状をみると、各種の知的財産権をどう守るかは、産業政策上の判断で国別に異なっている。このような現状では、知的財産権保護が行き過ぎ、非関税貿易障害とならないようにする必要がある。

日本では商品を外国より高値で販売できることに着目し、日本で特別の販売政策をとっている業者が多い。しかし、日本でも販売競争が激化し、原産地または安価で販売されている第三国(例えば香港)から輸入する並行輸入業者が増えてきた。また、知的財産権保護を名目として税関で守られてきた専売業者が、日本で並行輸入業者と法廷で争って敗訴することが多かった。

今では日本の税関は、法改正および判決に従って、著作権(映画を除く)、商標権、特許権、実用新案権、意匠権、ＩＣ配置権に基づく並行輸入を認めている。知的財産権の保護についての政策は、日本では裁判所が先導している。

グローバル化した世界市場において、市場を国別に分断して真正商品の自由な流通を阻害する並行輸入禁止は過去の遺物であると著者は考える。世界市場を分断する特許の属地性と特許独立の原則に着目して並行輸入を一般的に禁止することを求めている人達は、医薬品流通の特殊性を主張する者に多い。医薬品の価格が保健政策によって低く抑えられている国がある。そのような国では、医薬品について例外を認めても仕方がない。

しかし、ＥＵが域内で並行輸入を認める一方、域外からの並行輸入を医薬品に限らず一般的に禁止しているのは、知的財産権を産業政策の手段として使っているためである。

表7　保護対象知的所有権と関連多国間条約

保護対象となる知的所有権の種類1)	TRIP協定上の取扱		日本の取扱		
	最低限遵守すべき保護レベルとしてTRIP協定の義務に取り込まれた既存条約2)	保護期間	登　録	保護期間／国内法	主管官庁
著作権—著作権 —コンピュータプログラム —貸与(レンタル)権	文学的および美術的著作物に関するベルヌ条約(1971年の改正条約)	認可または作成から50年以上	不必要	死後または公表時から50年間	文化庁
著作隣接権 実演者3) —レコード等の録音制作者 —放送	実演者、レコード制作者および放送事業者の保護に関するローマ条約(1961年成立)	実演等の行われた年末より50年以上	不必要	公演、録音または放送の時から30年間	文化庁
商　標4)	工業所有権の保護に関するパリ条約(1967年の改正条約)	登録から7年以上 更新可	必　要	登録日から10年、更新可	特許庁
意匠(工業デザイン)		10年以上	必　要	登録日から15年間	特許庁
特許		出願日から20年以上	必　要	出願公告日から15年間(出願日から20年以内)	特許庁
地理的表示5)		本国での保護が存続する限り	不必要	不正競争防止法、商標法、景表法、関税法	大蔵省 通産省 特許庁
集積回路(IC) 回路の配置	ICの回路配置デザインに関するワシントン条約(1989年成立、未発効)	出願または商業的利用から10年以上	必　要	10年 半導体集積回路配置図	通産省
非公開情報 新医薬品 新農薬化学品	上記パリ条約の不正競争防止についての規定	経過措置として市場販売認可より5年以上	不必要	薬事法データは6年、不正競争防止法、薬事法、農薬取締法	通産省 厚生省 農水省

(出所：高瀬保編著増補『ガットとウルグァイ・ラウンド——ＷＴＯの発足』170頁)

注：1　実用新案権はTRIP協定による保護の対象外。

2　ローマ条約は、WIPO、ILO、UNESCOの共管。他の条約はWIPO所管。1993年1月現在の加盟国は以下のとおり。

パリ条約107カ国、ベルヌ条約95カ国、ローマ条約39カ国、ワシントン条約未発効。

3　TRIP協定は実演家の複製権をレコード制作に限定し、ローマ条約が含む映画制作を保護せず。

4　パリ条約はよく知られた商標(周知商標)の保護のみ規定。

5　地理的表示についてはマドリッド協定およびリスボン協定が存在するが、これら協定も含め、各国が個々の表示を保護する2国間または多国間協定作成のための交渉に入ることに合意する旨がTRIP協定に明記された。TRIP協定はワインと酒精の名のみ保護強化。

【参考文献】
眞寿田順啓「ＷＩＰＯ・ＷＴＯと周知商標の国際的保護」(『貿易と関税』一九九八年五、六月号)
滝川敏明「並行輸入を巡る知的財産権・ＷＴＯ協定・独禁法」(『貿易と関税』二〇〇〇年一月号)
青山学院大学主催「ＷＴＯ・ＴＲＩＰＳ協定シンポジウム記録」(『貿易と関税』二〇〇一年一〇、一一月号)
山根裕子「ドーハ閣僚宣言以降のＴＲＩＰＳ　二七条3項(b)のレビュー」(『貿易と関税』二〇〇二年一月号)
清水幹次「ＴＲＩＰＳ協定」(『貿易と関税』二〇〇二年九月号)
高瀬保「ＴＲＩＰＳ協定上の諸問題」(『東海法学』二〇〇一年七月刊)
"International Property Rights, Trade and Biodiversity" published in 2000 by Graham Dutfield,
"The International Intellectual Agreement System: Community and Markets", Abbot, Cottier and Gurry, published in 1999 by Kluwer Law International.

6　セーフガード措置、ダンピング防止税などのルール交渉

ガットは、条件さえ整っていれば、一時的な保護措置としてセーフガード措置とダンピング防止税を課すことを認めている。このような規定は、関税引下げなどの貿易自由化を安心して進捗させる安全弁として必要であった。EC、米国、カナダなどの国々が一時的な保護措置に関する制度をガットが出来たとき、すでにもっていた。

セーフガード措置は、公正貿易(fair trade)の結果輸入が急増し、それからの損害が立証されたとき、譲許関税率の例外として輸入品に一時的にかけられる関税または輸入品に無差別に適用される輸入制限をいう。公正貿易の結果であるからその適用条件が厳しい。これに反して、ダンピング防止税は、不公正貿易(unfair trade)の結果輸入が急増し、それからの損害が立証されたとき、譲許関税率の例外としてダンピングをした企業に一時的にかけられる関税である。不公正貿易の結果であるからその適用条件が甘い。

価格ダンピングが不公正とされているが、作為的にダンピングを作る計算方法が用いられていることがあり、これが主要な問題とされてきた。

このようにセーフガード措置とダンピング防止税の発動条件は大きく異なっているが、セーフガード

措置がとれないなら、代わりにダンピング防止税を課すという風に、実際上両者が代替的に課されている。本来不公正措置を是正するためのダンピング防止税が、輸入国企業の産業競争力不足を補うために濫用されているからである。

その被害を大きく受けているのは鉄鋼製品などの工業品を輸出している企業を含んでおり、セーフガード措置やダンピング防止税に関するルールの是正が、これまで貿易交渉で取り上げられてきた。

ダンピング防止税については、調査開始の決定が行われると、輸出企業に大きな影響を及ぼす。将来課税される恐れがあるため、輸入国の企業が輸入意欲を阻害されるからである。また、調査が開始されると、非提訴者は短期間に質問状に回答しなければならず、多大な労力、時間、費用を要する。

ダンピング防止税の課税を免れるため、第三国経由等で輸出する迂回問題については、ウルグアイ・ラウンド以来検討されてきた。迂回回避のための措置が正当な投資を阻害する恐れがあるので、この検討が重要である。

主にハイテク産品についていえることであるが、対象産品の範囲が同種の産品として不当に拡大されると、新商品の開発、消費者の選択範囲の制限、技術革新などに影響を与える。

これらの問題が現行ラウンド交渉で問題とされているようである。しかし、これまで行われてきたルールの是正は十分でなく、現行ラウンドの交渉でこの問題を再度取り上げるよう主張したのは、日本、香港、ブラジル、インドなどであった。米国はこの問題を取り上げることを嫌っていたが、多数のＷＴＯ加盟国の圧力を受け、問題を取り上げざるを得なかった。ＷＴＯのドーハ閣僚会議は、ダンピング防止税協定および補助金協定の規定を明白にして改善する交渉に合意し、漁業補助金を取り上げることを決定した。

生産補助金に関しては日本でも問題があるが、ここでは取り上げない。

ダンピング防止税とセーフガード措置は、ガットとＷＴＯで認められた制度である。これから日本も国内制度を整備し、条件さえ整っていれば、それらの措置を粛々と適用しなければならない。むしろ自国がＷＴＯの制度を使うことが、他国の制度濫用に対する抑制効果を持っているという考え方もある。他方、日本の貿易は未だ出超であり、濫用を糾弾してきた日本自身が一時的保護措置を適用するのは控えたほうがよい、とする意見もある。

【参考文献】

松下満雄「ＷＴＯにおけるセーフガード条項の最近の動向」（『貿易と関税』二〇〇〇年二月号）

福永有夏「アンチダンピング制度の意義」（『貿易と関税』二〇〇〇年六、七月号）

岩田伸人「我が国のセーフガード制度の問題と提案」（『貿易と関税』二〇〇一年一二月号）

青山学院大学総合研究所講演会・記録「ＷＴＯのセーフガード措置発動の諸問題」（『貿易と関税』二〇〇二年二月号）

中川淳司「通商救済制度の国際的調和」（『貿易と関税』二〇〇三年二、四月号）

矢幅直彦「アンチ・ダンピング協定の明確化・改善」(『貿易と関税』二〇〇三年四月号)
経済産業省通商政策局編『二〇〇三年版 不公正貿易報告書』

7　環境に関する交渉とガット第二〇条、TBT協定およびSPS協定

(1) ガットとWTOの環境に関係する規定と協定

環境は、第二次世界大戦直後ガット規定を作ったときには問題となっていなかった。ガット第二〇条は国際ルールからの一般的例外について規定している。その中で(b)項と(g)項が環境に関係するとされ、種々の環境に関連する紛争に用いられてきた。(b)項は、人、動物または植物の生命または健康に関係する措置で、(g)項は、有限資源の保存に関する措置である。(g)項の場合は、この措置が国内の生産または消費に対する制限と関連して実施される場合のみが、ガット原則からの例外として認められている。環境に関連する上記のガット規定の適用について、近年国際紛争が多発した。

そこで東京ラウンドにおいて「貿易の技術的障害に関する協定」(TBT協定)が作成され、希望する国のみがこの協定に参加した。その後、ウルグアイ・ラウンド交渉でこの協定が改訂され、多角的協定となった。そのためこの協定の適用国が、全ガット加盟国に拡大した。

ＴＢＴ協定は、輸出品の品質確保のために国際規格が必要とされていることを認めている。また、産品の特性に関連した生産工程と生産方法に関する遵守が、法律などで国内的に義務付けられている基準(強制規格)およびそれが義務付けられていない基準(任意規格)並びに適合性評価手続・基準に合致しているかどうかの認証手続および認証機関の認定手続が、貿易上の不必要の障害とならないことを目的としている。この協定は、ＷＴＯと同じジュネーブにある国際標準化機構(ＩＳＯ)および国際電気標準会議(ＩＥＣ)の活動などに影響を与えている。

ＴＢＴ協定は工業品のみならず農産品にも適用されていたが、それだけでは不十分であった。ウルグアイ・ラウンドにおいては「衛生・植物検疫措置の適用に関する協定」(ＳＰＳ協定)が、全加盟国が遵守しなければならない多角的協定として作成された。ＳＰＳ協定は、衛生・植物検疫措置が偽装された貿易障害になることを防止し、国際基準に基づいて各国の措置の調和を図ることを目的としている。

その概要は次の通りである。

(1)　加盟国はこの協定に違反しないことを条件とし、衛生植物検疫措置をとる権利を有する。

(2)　人、動物または植物の生命または健康を保護するために必要な限度内において、科学的な原則に基づいて衛生植物検疫措置を適用する。

(3)　同様な条件の下にある国の間で、恣意的または不当な差別をしないことを確保する。国際貿易に対する偽装した制限となるような態様で衛生植物検疫措置を適用してはならない。

(4)　国際的な基準などがある場合は、別段の定めがある場合を除き、それに基づいて衛生植物検疫措置をとる。

(5)　科学的に正当な理由がある場合などにおいては、関連する国際的な基準よりも高い保護の水準をもたらす衛生植物検疫措置を導入し、維持することができる。

(6)　関連する科学的根拠が不十分な場合には、関連国際機関から得られる情報および他国が適用している措置から得られる情報などに基づき、暫定的な措置を採用することができる。

一九九二年ブラジルのリオネジャイロにおいて国連環境開発会議（ＵＮＣＥＤ）が開催された。この会議を機に、世界中で環境に対する対策がとられるようになった。ＷＴＯ設立協定の前文は、物品とサービスの貿易拡大などのＷＴＯの目的が、持続可能な開発と環境保護のような新しい課題と両立することを求めている。

（2）　環境に関するＷＴＯの決定

環境については、ＷＴＯのドーハ閣僚会議において、次の三事項について交渉することが合意された。ただし、結果を問わないこととされた。

(1)　現行のＷＴＯルールと多国間環境協定（ＭＥＡ）との関係
(2)　ＭＥＡ事務局との定期的情報交換
(3)　環境に関連する物とサービスに課される関税と非関税障害の減免（環境関連物品とは、環境に優しい物品や環境汚染の防止に用いる物品などを指している）

ＭＥＡの中には有害物質の廃棄に関するバーゼル条約、オゾン層の破壊に繋がる物質に関するモントリオール議定書および絶滅の危機に瀕している動植物に関するワシントン条約を含んでいる。これらの条約は、環境保護のために、条約に入っていない国からの貿易を制限できる規定をもっている。

ＷＴＯにおいて環境問題に取り組んでいる「貿易と環境委員会」は、次の三事項に重点を置くよう閣僚会議から指示された。

(1)　環境措置の市場アクセスに対する影響
(2)　ＴＲＩＰＳ協定の環境関連規定
(3)　環境目的のレッテル要求

消費者に判断材料を与えるレッテル要求は、ラベリングとも呼ばれ、世界各国で増加する傾向がみられる。その有用性について南北が厳しく対立していたが、まず事実を調査することが合意された。

(3) 環境問題に関する対立状況

ガットとWTOは元来貿易機関であって環境機関ではない。しかし、これまでも環境に関連する多くの貿易紛争がガットやWTOに持ち込まれ、やむなくその解決を図ってきた。

環境に関する交渉においては、先進国と開発途上国との間および農産品輸出国と輸入国との間で意見が対立し、合意が困難になっている。先進国は環境問題を重視しているが、開発途上国の多くは貿易と開発が環境に優先すると考えており、環境を守るために貿易と開発が犠牲になることを恐れている。

農産品輸出国は、環境規制を厳格にすることによって、農産品貿易が拡大せずむしろ縮小することを恐れている。他方、輸入国は、健康によいか悪いかの科学的証拠が疑われている物品(例えば、遺伝子変換の大豆)について回復不能の重大な事態(例えば、人間が食べて病気になり回復が困難な場合)が起ることを恐れている。SPS協定は科学的証拠に基づいて問題を解決することを基本原則としているが、長期的に見ると未だ科学的証拠が疑われている物品について問題の解決が難しい。

SPS協定は、FAO(国連食糧農業機関)とWHO(世界保健機関)が合同で作っている食品規格委員会などで国際的基準について合意している物品については、国際的基準に従うこととしている。他方、科学的証拠があれば、それより高い基準を一部の国が使うことも認めている。

【参考文献】

岩田伸人「ＷＴＯ体制における環境問題と貿易紛争」（『貿易と関税』一九九六年五、六月号）
米谷三以「生産方法の規制に関するＧＡＴＴ上の規律」（『貿易と関税』一九九七年四、五月号）
村瀬信也「貿易と環境のＷＴＯ紛争処理の諸問題」（『貿易と関税』一九九七年一〇月号）
早川修「ＷＴＯ貿易と環境委員会（ＣＴＥ）の作業過程とシンガポール後の展望」（『貿易と展望』一九九七年年一〇月号）
沢田克己「ＷＴＯ／ガットとＥＣ／ＥＵにおける自由貿易と環境問題」（『貿易と関税』一九九七年一二月号および一九九八年一月号）
絹巻康史「ＷＴＯ貿易と環境と企業社会」（『貿易と関税』一九九八年三月号）
道上尚史および国松麻季「ＷＴＯにおける貿易自由化と「非貿易」事項の関係」（『貿易と関税』一九九八年二～四月号）
藁田純「ＷＴＯ・ＳＰＳ協定の制定と加盟国の衛生植物検疫措置に及ぼす影響」（『貿易と関税』一九九九年二月号）
岩田伸人「ＷＴＯ次期交渉における農業と環境の問題」（『貿易と関税』一九九九年一二月号、二〇〇〇年一月号）
岩田伸人「予防原則とＷＴＯ」（『貿易と関税』二〇〇一年一一月号）
喜多一行「ＷＴＯ・ＴＢＴ協定と国際的技術標準をめぐる諸問題」（『貿易と関税』二〇〇三年三月号）
“Reconciling Environment and Trade” edited by Edith Brown Weiss and John H. Jackson, published by Transnational Publishers in 2001.

8　投資、競争政策、貿易円滑化、政府調達の透明性に関する交渉

標記の各項目は一九九六年に開催されたWTOのシンガポールにおける第一回閣僚会議で問題として提起された。これらの項目については、二〇〇三年九月にメキシコのカンクーンで開催が予定されているWTOの第五回閣僚会議において、それぞれの交渉様式が明示的なコンセンサスによって決定できたらという条件付きで、会議後に交渉を開始することが合意された。

(1)　投資

ウルグアイ・ラウンドでは「貿易関連投資措置協定」(略称、TRIMS協定)が採択された。この協定は、外国投資についてローカル・コンテント要求、輸出入均衡要求、為替規制および輸出制限を要求することを止めるよう求めた。二七のWTO加盟国がこれらの投資措置があることをWTOに通報したが、すべて開発途上国(内一カ国は後発途上国)であった。協定の実施延長を認めた結果、実施期限がそれぞれ異なっているが、二〇〇三年末までにはこれらの投資措置のすべてが廃止される予定である。

しかし、この協定は範囲が狭く、日本は開発途上国などにおける投資の安全性のために、WTOにおいて多国間投資協定を締結することを提案した。ところが、インドなどの開発途上国は、自国の経済開

発政策に他国が介入するのを懸念し、その締結に反対している。マレーシアとインドネシアは、華僑の国内投資を一般国民の国内投資と差別する政策をとっているほか、国産車育成政策をとっている。他方、外国からの直接投資を希望する開発途上国が多い。

ＯＥＣＤは加盟国間で多国間投資協定を作成するための交渉を一九九五年に開始したが、自由化義務などについて議論が紛糾し、九八年に交渉が中止された。

【参考文献】

森川俊孝「投資の自由化と多数国間投資条約」（『貿易と関税』同一九九八年五、六、七月号）
東海大学法学部・日本関税協会共催、ＧＡＴＴ／ＷＴＯ体制五十周年記念シンポジウム講演・記録「外国直接投資と国際ルール」（『貿易と関税』一九九八年七月号）
谷岡慎一・大久保直樹「多数国間投資協定交渉テキスト本文全訳」（『貿易と関税』一九九八年九、一〇月号）
櫻井雅夫「外国投資を規制する法制度」（『貿易と関税』一九九八年一二月号、一九九九年一月号）
櫻井雅夫「多数国間投資協定締結交渉の終了について」（『貿易と関税』一九九九年一月号）
篠崎彰彦・田島正裕「外資系企業に対するファイナンスの実践研究、対日直接投資の促進のために」（『貿易と関税』二〇〇〇年四月号）
岩瀬真央美「日本の二国間投資協定における投資の保護」（『貿易と関税』二〇〇二年二月号）
森田清隆「国家と外国企業との投資紛争をめぐる国際法上の諸問題」（『貿易と関税』二〇〇二年七月号）

経団連「国際投資ルールの構築と国内投資環境の整備を求める」(『貿易と関税』二〇〇二年九月号)
小林友彦「貿易関連投資措置(TRIM)」(『貿易と関税』二〇〇二年一〇月号)
櫻井雅夫「米州における貿易・投資自由化の法的枠組み」(『貿易と関税』二〇〇二年六、七、九、一〇、一一月号および二〇〇三年一、二、四月号)
"International Investment Agreements" published by UNCTAD in 1999.

(2) 競争政策

日本などがダンピング防止税などのルールを再交渉することを提案したのに対し、米国は日本の企業系列を競争政策上の問題として取り上げた。しかし、今では事情が変わっており、知的財産権保護の行過ぎを抑えるために世界各国が競争法を導入し、競争政策を調和させることが必要となってきた。

この場合は知的財産権と競争政策が相互に関連しあっている。したがって、いろいろの分野で交渉が成功するためには、交渉項目の相互関係(linkage)に注意を払わなければならない。

【参考文献】

岩田一政「競争政策と不公正貿易措置」(『貿易と関税』一九九七年一月号)
高橋岩和「WTOと競争政策」(『貿易と関税』一九九七年四、五月号)

小原喜雄「反ダンピング法と反トラスト法」(『貿易と関税』一九九八年六月号)
富永賢治「わが国独占禁止法の域外適用問題について」(『貿易と関税』二〇〇〇年七月号)
森田清隆「独占禁止法域外適用に関する国際法的考察、米国の国家実行を題材に」(『貿易と関税』二〇〇一年二、四、六、八月号)
伊従寛、山内惟介、J・O・ヘイリー編『競争法の国際的調整と貿易問題』(中央大学出版部、一九九八年)
滝川敏明「WTOと通商法」(『経済法の理論と展開』三省堂、二〇〇二年一〇月)

(3)　貿易円滑化

貿易円滑化(trade facilitation)とは、貿易手続の簡素化および調和化である。この場合の貿易手続とは、貿易において貨物の移動のために要求されるデータを収集、提示、連絡あるいは処理する際に関与する様々な活動、慣行、様式である。貿易円滑化の交渉については、現行ラウンド交渉で何らかの合意が成立する可能性が高い。

【参考文献】

松平忠承「貿易円滑化」(『貿易と関税』二〇〇三年一月号)

(4) 政府調達協定の透明性

WTOの政府調達協定はWTOの全加盟国が遵守する多角的協定ではなく、先進国や上位の開発途上国のみが参加している複数国間協定の一つである。この協定の下では、政府機関や国有企業が一定金額以上の資材を調達するときに、国内企業のみならず政府調達協定参加国の企業にも入札を公開しなければならない。政府機関であったNTTの資材調達についてもこの協定が適用されている。しかし、NTTは企業形態が変更されれば、この協定に拘束されることがなくなるであろう。

【参考文献】

出嶋陽介「米国の政府調達条項とGATT／WTO」(『貿易と関税』二〇〇一年二、四、六月号)
小林友彦「政府調達」(『貿易と関税』二〇〇二年七月号)

下記に示した参考文献は、WTO一般に関係している。

石黒一憲「ボーダレス・エコノミーへの法的視座」(『貿易と関税』毎号)
小島清「WTOとガットの経済学、自由貿易と公正貿易」(『貿易と関税』一九九七年八月号)
小島清「WTOとガットの経済学、自由貿易対新重商主義」(『貿易と関税』一九九七年九月号)
原邦秀「WTOと米国通商政策」(『貿易と関税』一九九八年四月号)

8　投資、競争政策、貿易円滑化、政府調達の透明性に関する交渉　174

道上尚史・国松麻季「ＷＴＯにおける貿易自由化と非貿易事項の関係サービス―環境・文化を素材に」(『貿易と関税』一九九八年二、三、四月号)
東海大学法学部・日本関税協会共催「シンガポール閣僚会議後のＷＴＯ」(『貿易と関税』一九九八年六、七月号)
宇野悦治「第二回ＷＴＯ閣僚会議」(『貿易と関税』一九九八年七月号)
経団連事務局「ＷＴＯとビジネス活動に関する東京セミナー」(『貿易と関税』一九九九年四月号)
鶴田仁「ＷＴＯ第三回閣僚会議について」(『貿易と関税』二〇〇〇年二月号)
浜田太郎「ＷＴＯ第三回閣僚会議の決裂の法的意味合い」(『貿易と関税』二〇〇〇年四月号)
宇野悦治「ＷＴＯ入門」(『貿易と関税』二〇〇〇年七月号から最近号まで連載)
畠山襄「最近の貿易問題と日本のスタンス」(『貿易と関税』二〇〇一年八月号)
経団連「戦略的な通商政策の策定と実施を求める」(『貿易と関税』二〇〇一年九月号)
飯田圭哉「国内規制とＷＴＯルール・メイキング」(『貿易と関税』二〇〇二年六月号)
中川淳司「経済規制の国際的調和」(『貿易と関税』二〇〇二年一二月号、同二〇〇三年一～四月号)
津久井茂充著『ガットの全貌』(日本関税協会、一九九三年)
高瀬保編著、赤阪清隆、渡邊頼純、高木善幸著『増補　ガットとウルグアイ・ラウンド』(東洋経済新報社、一九九五年)
外務省経済局監修『ＷＴＯ』(ＷＴＯ設立協定と附属書の日英文)(日本国際問題研究所、一九九五年)
外務省経済局国際機関課編『解説　ＷＴＯ協定』(国際問題研究所、一九九六年)
高瀬保著『ガット二九年の現場から、国際交渉を通してみた日本』(中央公論社、一九九七年)

青木健・馬田啓一編『日本の通商政策入門』(東洋経済新報社、二〇〇二年)

経済産業省通商政策局編『二〇〇三年度版 不公正貿易報告書』

"The World Trade Organization, Law, Practice and Policy" by Mitsuo Matsusita, Thomas J. Schoenbaum and Petros C. Mavroidis, published by Oxford University Press in 2003.

"After DOHA" by Terence P. Stewart, published by International Publishers in 2002.

"GATT and WTO" by John H. Jackson, published by Cambridge University Press in 2000.

"GATT Instruments and Documents"(BISD), published by GATT until 1995.

"Guide to GATT Law and Practice"(Analytical Index to GATT)published by GATT.

"The New Multilateral Trade Negotiations" edited by Ernst-Ulrich Petersmann and Meinhard Hilf, published by Kluwer Law and Taxation Publisher in 1991.

エピローグ

私にとって、ガット事務局に勤務した二九年の経験はまことに貴重であった。そこでは日本を外からみることができたので、いろいろな文化的相違を経験することができた。私は日本で教育を受け、日本の中央官庁で仕事をした経験があったので、文化の違いがより鋭く感じられた。その一部を読者の皆様にお伝えしたい。

また、私がガット事務局勤務中、じっと見守ってくれた出身の大蔵省（現財務省）に感謝したい。事務所の仕事に干渉されると、中立的な行動が取れなくなり、国際機関の仕事ができなくなる。

本書の狙いは、第一に、ガットとＷＴＯの多角的貿易交渉体制をいろいろな角度から検討し、これと競合するＦＴＡを締結するにあたっての利点と注意点を論じることであった。第二に、これらを通して、国際社会と日本との文化的相違から生じる問題点を示し、その解決策について示唆することであった。これらの狙いが本書を通じ幾らかでも達成できたら幸いである。

私が未だガット事務局に勤務していたとき、「知られざるガット」と題する記事を『貿易と関税』誌に寄稿して注目を浴びた。日本は貿易立国を唱えてきたが、当時ガットについての知識が限られていた。その後日本に帰国してから、ガットとＷＴＯについて日本人にその実態を知らせる努力をしてきた。本書の出版はその目的に添っている。

東信堂の「制度のメカニズム」シリーズについて説明し、本書の執筆を私に薦めた三好陽(あきら)氏、本書を出版した東信堂の社長下田勝司氏など大勢の方々が、本書の内容と構成についていろいろコメントして下さった。この欄を借りて、これらの方々に厚くお礼を申し上げる。ただし、文責はすべて著者にある。

―＊＊＊―

「バブル経済」崩壊後の日本は大きな転換期に遭遇し、これから日本あるいは日本人の各々がそれにどう対処すればよいか、各所・各分野で模索されている。

貿易・経済の世界でも、生物の世界同様に「適者生存の法則」が適用されている。環境の変化に柔軟に適応できる制度をもった国家のみが、繁栄を続けることができる。また、経済がグローバル化するにしたがって、国際環境の変化への対応が重要になってきた。

日本が今日の近代国家を築く過程には、遠くでは織田信長が兵農分離、楽市楽座などによって能率的な専門家集団を形成し、国内で自由貿易を推進したことが大きく貢献した。近くでは明治維新および第二次世界大戦敗戦後に、日本が大改革を行ったことが近代国家建設に貢献した。

いずれも危機的状況から脱する必要性があったために、改革が断行され、成功している。しかし今の日本では、かつての成功体験を忘れられない人々が多く、いろいろな制度が硬直化している。

例えば、戦後の民主化と農地改革が成功した後、小規模の農家を保護する政策が今でも続けられている。そのような農業保護は、ガット・WTOの理念に反し、計画経済から市場経済への転換を遅らせ、将来性がない。それにもかかわらず、このような政策が続けられてきたのは、政治家が一部農民団体の圧力を受けて、農業保護をしっかりやっているとの姿勢を選挙民に示し、票を集めたいからに過ぎない（『日本経済新聞』二〇〇三年九月一日「経済教室」欄における伊藤元重東京大学教授の発言を参照）。

ウルグアイ・ラウンドの貿易交渉において、日本がそのような農業保護を続けるために他の産業を犠牲にし国益と国際関係を顧みなかったことを、筆者はガット事務局においてつぶさに見てきた。これは、今でも日本の社会・経済に大きな損失を与えており、市場経済の推進によって、世界経済の発展を図り、世界の人々に希望を与えようとするWTO体制を脅かしている。

筆者は、日本がこのようなことをこれから繰り返してはならないと考えている。

さいわい、日本では最近、改革の機運が増して、種々の日本の制度改革が進められている。農林水産省は、日本が国益を追求し、FTA締結を交渉することに、もはや後ろ向きではない。しかし、農水省に政策転換を促し、農業を構造改革するするには、国民の理解が必要である。

国際問題を弱点としている日本では、国際関係における日本の制度上の問題を自ら認識することは困難である。また、危機感が国民の間で十分にないため、制度改革に対する抵抗があり、改革の進行が遅れ、世界の動向について行けないことが懸念されている。本書が書かれたのはそのためであった。

二〇〇三年九月にメキシコのカンクーンで、WTOの第五回閣僚会議が開催された。この会議で、現行の貿易交渉の進捗が図られたが、何らの合意も得ることができず会議は決裂した。

この事態から得られた教訓は、WTO体制は世界のため、また日本のために、重要不可欠の存在であり、それを守るためには、WTO加盟各国が、自由貿易の理念に反するわがままを押し通して負担をかけすぎてはならないということであった。

またWTOは、段階的な貿易自由化を進めており、急激な変化を求めているわけではなく、交渉国相互の妥協によって一歩一歩前進し、理想に近づいていく現実的な手法を取ってきた。

主要WTO加盟国が、WTO体制を守るために何をすればよいかについて、筆者は意見を持っているが、ここでは日本が行わなければならないことに限って考えてみたい。それは日本がカンクーン閣僚会議の決裂を他人事にできないからである。

EUと米国に次ぐ貿易大国である日本の貿易交渉に対する責任は重い。EUと米国は、WTO体制の維持を念頭において交渉している。しかし日本は、農業保護のためとあらば、なりふりかまわずWTO交渉の足を引っ張るだけで、国際交渉を牽引することがなかった。

国際関係を犠牲にしてきた結果、日本が世界で不評になり、世界の重要な政策決定の外に置かれようとしている。しかも日本政府の主張は日本農業のためにもならず、日本の国益に大きく反していた。「バブル経済」が去った今の日本では、その結果がこれまで以上に深刻である。「角をためて牛を殺す」という格言が日本にあるが、日本はそれを自ら行っている。

今後の日本は、世界に受け入れられ、国全体を活性化するための種々の改革を必要としている。しかし、これまでのような農業保護を続けるには、多くの犠牲を伴うことになる。農業保護を主張する人たちにとっても、将来を考えると、それが自らの損失であることは明らかである。

著者が唯一期待しているのは、日本の国益を害する農業保護のために、日本全体が犠牲となって衰退するのはごめんだ、との声が、国民の中から早く沸き上がってくることである。

政治家は、農民票を無視できない。そのため、保護主義が農業や他産業の将来性を奪い、改革を難しくしているのが分かっていても、それが続けられている。後継者難で農家が減少し続け、農業従事者の中で六五歳以上の老齢者が三分の一を占め、農業収入が減り続けている。そのことが、時を経るにつれて誰の目にも明白になってきた。

選挙民がその現実を見て、将来の姿勢を変えなければ、政治も変わらない。国際社会の中で、民主主義国家の日本がうまく生きていくためには、選挙民の自覚が必要である。本書が、その機運をつくる一つの契機となることを期待したい。

英語索引

（国際機関名を含む）

ACP諸国　94, 131
AFTA＝アセアン自由貿易地域　90, 131
APEC＝アジア太平洋経済協力　12, 147
CAP　→共通農業政策を見よ
DSB　→紛争解決機関を見よ
EU、EC、EEC　→欧州連合を見よ
FAO＝国連食糧農業機関　46, 167
FAO/WHO合同食品規格委員会　167
FTA
→自由貿易地域、自由貿易協定を見よ
FTAA＝米州自由貿易地域　93
GATS
→サービス貿易一般協定を見よ
GSP　→途上国一般特恵を見よ
IBRD＝世界銀行（正式名、国際復興開発銀行）　34, 43, 46
IEC＝国際電気標準会議　164
IMF＝国際通貨基金　43, 46
ISO＝国際標準化機構　164
ITO＝国際貿易機関（設立されず）　43
JICA＝国際協力事業団　12
MAI＝多国間投資協定　169
marginalization＝疎外化　8
MEA＝多国間環境協定　165
MERCOSUR＝南米南部共同市場　91
MFA　繊維協定を見よ
MFN　最恵国待遇を見よ
NAFTA＝北米自由貿易地域　88, 93
ODA＝海外開発援助　35
OECD＝経済協力開発機構　46, 104, 169
SPS協定＝衛生・植物検疫協定　11, 164
TBT協定＝貿易の技術的障害協定　11, 163
TRIMS協定＝貿易関連投資協定　169
TRIPS協定
貿易関連知的所有権協定を見よ
UN＝国連＝国際連合　46, 67
UNCED＝国連環境開発会議　165
UNCTAD＝国連貿易開発会議　46, 108
WIPO＝世界知的所有権機関　45, 150
WCO＝世界関税機関（関税協力理事会—CCCの通称）　124
WTO＝世界貿易機関
→はしがきと目次を見よ

事項索引

国名と人名索引

（表3，第4章および参考文献にのみ記載されたものを除く）

図表索引

著者紹介

高瀬　保（たかせ　たもつ）

1932(昭和7)年、朝鮮全州府で出生。

1945年、福岡県小倉市に引き揚げ。

1955年、東京外国語大学英米科卒(国際関係専修)。

1955年、大蔵省関税局採用。ガットなどを担当し8年間勤務。

1963年、スイスのジュネーブにあるガット事務局採用。ケネディ・ラウンド、東京ラウンド、ウルグアイ・ラウンド交渉などを担当。29年間の勤務の後、1992年3月に部長職で定年退職。

1992年4月より10年間、東海大学法学部教授、国際経済法および国際組織法担当。

2003年現在、青山学院大学ＷＴＯ研究センター客員教授。

主要著作

『ガットとウルグアイ・ラウンド』(東洋経済新報社、1993年)

『増補　ガットとウルグアイ・ラウンド——ＷＴＯの発足』(東洋経済新報社、1995年)

『ガット二九年の現場から』(中央公論社、1997年）他

シリーズ〈制度のメカニズム〉3

ＷＴＯ(世界貿易機関)とＦＴＡ(自由貿易協定)—日本の制度上の問題点

2003年11月10日　初　版第１刷発行　〔検印省略〕

＊定価はカバーに表示してあります

著者© 高瀬保／発行者 下田勝司　印刷・製本 中央精版印刷

東京都文京区向丘 1-20-6　郵便振替 00110-6-37828
〒113-0023　TEL (03) 3818-5521㈹　FAX (03) 3818-5514
E-Mail tk203444@fsinet.or.jp

発行所 株式会社 東信堂

Published by **TOSHINDO PUBLISHING CO., LTD.**

1-20-6, Mukougaoka, Bunkyo-ku, Tokyo, 113-0023, JAPAN

ISBN4-88713-520-3　C3333　¥1800E

シリーズ〈制度のメカニズム〉発刊にあたって

われわれは、意識すると意識しないとにかかわらず、常に「制度」の只中にある。憲法や法律に基づく「固い制度」「公式の制度」、さらにこれらを前提としつつ、人々の相互作用の中で生成展開してゆく「柔らかい制度」「非公式の制度」もある。これらは縦横に絡み合いつつ壮大な制度大系を形づくり、われわれの生活を大きく左右している。

さらに「制度」は一国の枠をこえて、地球規模の広がりを持っている。市場経済のグローバル化は電子通信技術の飛躍的発達と相まって、物理的空間を極小化させる趨勢にある。経済の一元化と共に英語を中心に言語の一元化が急速に進んでいる。いわば、経済・政治・文化が急速に相関性を強めつつ制度の通底化・基準化へと進展しているようである。

したがって、われわれは、政治・経済・文化のこれらの「制度」について個々の「制度」の形態・作用のみならず、それらの相関的・重層的なメカニズムを知らなければ、世界に対応できなくなっているのである。

「制度」は人間が社会に生活していく共通のルールであり、合意形成であり、社会を成り立たせている最低限のガイドラインであると言える。「制度」の究極の目的が人間の公正な幸福の継受である。

そうした認識に立って、本シリーズは、まず各巻の主題として一つの「制度」を取り上げ、その仕組みと働き即ちメカニズムを、可能なかぎり原資料に立脚し、平易簡潔な日本語で概観していくことを、第一歩とするものである。

今日、多くの既成制度は変革を迫られている。新生人口の減少と高齢者層の肥大、産業の国際的分業化による基底産業の退潮と情報型産業の拡大等、わが国における経済的社会的変容の一端を見てもそのことは明らかであろう。

「制度」はそれぞれの時点である目的の下に生み出されたものであるが、時には病的な展開をみせることも多々ある。つまり制度がいったん成立するとそれによって秩序が形成される一方で、変容を続ける社会は制度からはみ出す要因を常に生み出していくのである。こうした「制度」と社会変容の矛盾をも明らかにしていくことも本シリーズの一つの使命である。「制度」に関わることは同時に、「制度批判」の目を研ぎ澄ますことでもあるのだ。

社会そして世界を網の目のように覆いつくす制度は、広い概念でとらえれば文化と言える。世界そして社会の変容につれて制度ひいては文化も変容していく。人間は、時代・社会の価値の実現をめざして、制度ひいては文化を変えていく。つまりそれらを担っているのは人間であり、かつそれらをつくり変えていくのも人間であることを検証していくことを本シリーズは最終的にめざしている。

以上の観点から、本シリーズは、「制度」の解説においても、「固い制度」のみならず人々の相互作用がもたらす「柔らかい制度」、またマイナスの効果を含み持つ「制度」の重層的メカニズムも常に視野に入れ、読者の批判力を目覚めさせる「生きた解説」を心がけてゆく。

本叢書の読者自らが、制度を担うものであり、制度を作りかえていく主体になることを期待しつつ。

2002年4月

株式会社 東信堂

東信堂

国際法新構〔上〕	田畑茂二郎	二九〇〇円
国際法新講〔下〕	田畑茂二郎	二七〇〇円
ベーシック条約集〔第4版〕	編集代表 山手治之・香西茂・松井芳郎	二四〇〇円
国際経済条約・法令集〔第2版〕	小原喜雄・小室程夫・山手治之 編集	三九〇〇円
国際機構条約・資料集〔第2版〕	編集代表 香西茂・安藤仁介	三二〇〇円
資料で読み解く国際法〔第2版〕〔上〕	大沼保昭編著	二八〇〇円
資料で読み解く国際法〔第2版〕〔下〕	大沼保昭編著	二〇〇〇円
国際立法―国際法の法源論	村瀬信也	六八〇〇円
判例国際法	編集代表 田畑茂二郎・竹本正幸・松井芳郎	三五〇〇円
プラクティス国際法	香西茂・竹本正幸・坂元茂樹 編	一九〇〇円
国際法から世界を見る―市民のための国際法入門	松井芳郎	二八〇〇円
テロ、戦争、自衛―米国等のアフガニスタン攻撃を考える	松井芳郎	八〇〇円
〔21世紀国際社会における人権と平和〕〔上・下巻〕		
国際社会の法構造―その歴史と現状	編集代表 山手治之・香西茂	五七〇〇円
現代国際法における人権と平和の保障	編集代表 山手治之・香西茂	六三〇〇円
人権法と人道法の新世紀	藤田久一・松井芳郎・坂元茂樹 編	六二〇〇円
国際人道法の再確認と発展	竹本正幸	四八〇〇円
海上武力紛争法サンレモ・マニュアル解説書	人道法国際研究所 竹本正幸監訳	二五〇〇円
〔現代国際法叢書〕		
領土帰属の国際法	太壽堂鼎	四五〇〇円
国際法における承認―その法的機能及び効果の再検討	王志安	五二〇〇円
国際社会と法	高野雄一	四三〇〇円
集団安保と自衛権	高野雄一	四八〇〇円
国際「合意」論序説―法的拘束力を有しない国際「合意」について	中村耕一郎	三〇〇〇円
国際人権法とマイノリティの地位	金東勲	三八〇〇円

東信堂

〔世界美術双書〕

バルビゾン派	井出洋一郎	二〇〇〇円
キリスト教シンボル図典	中森義宗	二三〇〇円
パルテノンとギリシア陶器	関隆志	二三〇〇円
中国の版画―唐代から清代まで	小林宏光	二三〇〇円
象徴主義―モダニズムへの警鐘	中村隆夫	二三〇〇円
中国の仏教美術―後漢代から元代まで	久野美樹	二三〇〇円
セザンヌとその時代	浅野春男	二三〇〇円
日本の南画	武田光一	二三〇〇円
画家とふるさと	小林忠	二三〇〇円
ドイツの国民記念碑―一八一三年―一九一三年	大原まゆみ	二三〇〇円

〔芸術学叢書〕

芸術理論の現在―モダニズムから	藤枝晃雄・谷川渥編	三八〇〇円
絵画論を超えて	尾崎信一郎	四六〇〇円
幻影としての空間―図学からみた東西の絵画	小山清男	三七〇〇円

芸術/批評 0号	責任編集 藤枝晃雄	一九〇〇円
美術史の辞典	P・デューロ他 中森義宗・清水忠訳	三六〇〇円
都市と文化財―アテネと大阪	関隆志編	三八〇〇円
図像の世界―時・空を超えて	中森義宗	二五〇〇円
アメリカ映画における子どものイメージ―社会文化的分析	K・M・ジャクソン 牛渡淳訳	二六〇〇円
キリスト教美術・建築事典	P・マレー/L・マレー 中森義宗監訳	続刊
イタリア・ルネサンス事典	H・R・ヘイル編 中森義宗監訳	続刊

〒113-0023 東京都文京区向丘1―20―6　☎03(3818)5521　FAX 03(3818)5514　振替 00110-6-37828
E-mail:tk203444@fsinet.or.jp

※税別価格で表示してあります。